HUIBAO GONGZUO
SHIMEN JISHUHUO ER

汇报工作
是门技术活儿

林汶奎◎编著

中国纺织出版社

内 容 提 要

　　人在职场，仅仅做好本职工作还不够，要学会恰到好处地向上司展示你的工作成果，而汇报工作无疑是一条捷径。《汇报工作是门技术活儿》详细分析了汇报工作的程序和注意事项，具体包括何时汇报、汇报什么、如何汇报、汇报过程中需要注意什么等一系列问题，并辅以大量例证，是让你不栽跟头的智慧经验总结，适合各类职场人员，尤其是职场新人阅读、参考。

图书在版编目（CIP）数据

　　汇报工作是门技术活儿 / 林汶奎编著 .—北京：中国纺织出版社，2016.7（2023.2重印）
　　ISBN 978 –7 –5180 –2634 –0

　　Ⅰ . ①汇… Ⅱ . ①林… Ⅲ . ①工作方法—通俗读物
Ⅳ . ① B026 –49

　　中国版本图书馆 CIP 数据核字（2016）第 112532 号

策划编辑：于磊岚　　　　　　　　　　责任印制：储志伟

中国纺织出版社出版发行
地址：北京市朝阳区百子湾东里A407号楼　邮政编码：100124
销售电话：010 — 67004422　传真：010 — 87155801
http: //www.c-textilep.com
E-mail： faxing@c-textilep.com
中国纺织出版社天猫旗舰店
官方微博 http: //weibo.com/2119887771
天津千鹤文化传播有限公司印刷　各地新华书店经销
2016年7月第1版　　2023年2月第13次印刷
开本：710×1000　1/16　印张：13
字数：100千字　定价：32.80元

在很多人看来，汇报工作无非是走走形式，只是流于表面文章的事情。还有一些人对领导下达的"早请示、晚汇报"很排斥，觉得领导小题大做，无非是为了彰显自己的权力。怀着这种心态的下属，往往无法受重用，而自己又不知其所以然。

那么，汇报工作到底重不重要呢？对于一个下属来说，懂得汇报工作的重要性和清楚汇报工作的各种技巧又意味着什么呢？

汇报工作当然极为重要。当你的上级将一项工作交给你后，并不是自此就不再过问了，事实上，他会时刻关注此项工作的进展，希望了解工作中是否会出现下属无法解决的问题。因为，一项工作完成得怎么样，进展如何，往往关系到他对下一步工作的部署。所以，他需要知道工作进展中的一切情况。另外，下属对汇报工作的重视，也是对领导的尊重。领导重视下属对自己的态度，而汇报工作是检验下属对其态度的一面镜子。如果下属重视汇报工作的话，就会将汇报做到细致深入；相反，下属不把汇报工作当回事，敷衍了事，在领导看来那就是没把自己当回事。对于这样的下属，领导是不认可的。

作为下属，懂得汇报工作的重要性，就能做到主动及时地向领导汇报自己的工作。这样的下属，会从汇报工作中获取很多经验。首先，能增加在领导面前的"能见度"。经常向领导汇报工作，自然会与领导有频繁的接触，能让领导更早地认可自己的能力，了解自己对工作的热情及认真负责的态度，从而更早地得到上级的关注和重视。另外，下属在汇报工作前，必须对自己的工作有一个全局的审视，了解工作中的问题所在，这样可以加深自己对这项工作的认识。而在汇报前的准备工作中，需要有条理地将事情搞清楚，这也是一种逻辑锻炼。此外，在向领导汇报工作时，因为对工作做过认真的思考，更能听明白领导给出的建议，学习到领导在处理问题时的高瞻远瞩。对于下属来说，每一次汇报都是一个很好的学习机会。而且因为及时汇报工作，也就减免了出错的可能，还能及时得到领导的帮助和支持。

当然，作为下属只知道汇报工作的重要性还远远不够，要知道汇报工作大有学问。比如，如何正确领会领导的意图和思路，在受到上级批评时，要以诚恳的态度应对，有则改之无则加勉，不要产生排斥心理，既不抱怨，也不推诿；在向上级提出合理建议时，要看场合，注意态度，把握好话语的分寸。

另外，汇报工作要懂得抓重点，不要眉毛胡子一把抓。没有一个领导喜欢听下属长篇大论地在那里汇报。汇报工作时要简明扼要地将事情说清楚，而且要条理清晰，切忌逻辑混乱。同时，不要满口专业术语，更不可领导问一句说一句。此外，汇报工作本身体现的是对领导的尊重，所以不要在汇报时与领导据理力争，挑战他的权威，那样吃亏的一定是自己。

由于汇报工作的目的就是让领导了解你的工作进展，因此，一定要实事求是，既不夸大，也不隐瞒，将工作的状况如实地告知领导，不要报喜不报忧，那样会影响领导的正确判断，从而导致决策失误。为了达到好的汇报效果，可以运用一些辅助材料，如图表、数据等。当领导提出不同意见时，要学会换位思考，站在领导的角度去考虑问题。在向领导陈述问题时，要提出自己的解决方案，不要将问题推给领导就万事大吉了，要有积极的参与意识，这样，领导会认为你是一个善于思考的下属，可以委以重任。即便是领导否决了自己的提案，也不要有负面情绪，不要气馁，工作本来就是不断学习的过程，每个人都是从不懂到内行的。

汇报工作看似简单，其实是门技术活儿。本书从汇报工作就是与领导沟通，汇报前，先把工作做到位，汇报时，巧妙应对种类领导，掌握汇报工作的技巧，避免陷入汇报工作的误区五个方面出发，以理论为基础，辅以大量例证，是让你不栽跟头的智慧经验总结，适合各类职场人员，尤其是职场新人阅读、参考。

编著者

2016年3月

目 录
CONTENTS

第五章
避免陷入汇报工作的误区

chapter 1

汇报工作就是与领导沟通

作为下属必须明白汇报工作的重要性。许多人不把汇报工作当回事，认为那不过是走形式而已。实际上，汇报工作十分重要，通过工作汇报，领导才能清楚工作开展的情况，了解工作中出现的问题，及时调整下一步方案部署。而下属也可以通过汇报工作得到上级的建议和指导，优化自己的职业技能。同时，领导通过下属的汇报，也能了解其工作能力和对工作的态度。这对下属来说很重要，这关系到他今后的职业发展是否顺畅。

有的员工因为有"惧官症"，怕见领导，所以很少向自己的上级汇报工作，尽管他们很勤奋，也有工作能力，但就是得不到上级的赏识和重用。其实，领导并没有想象得那么可怕，只要摆正心态，克服怕见领导的心理，勤汇报，你就会得到上级的认可。

在工作中，下属要养成主动汇报工作的习惯。出差时，也要及时将出差在外的工作情况汇报给领导，通过这样的沟通，更好地解决工作中的问题，领导也因此清楚你在出差中的工作进展。汇报工作是加深领导对下属了解的一个渠道，一定要重视。

1. 不汇报就是不尊重

汇报工作十分重要，绝不是有些人认为的那样，只是做做表面文章而已。它不是形式，而是一项重要的工作内容。几乎每一份工作都是在上级领导的主持下进行的，因此，领导要对工作的进度、结果以及遇到的问题有所了解。只有了解了工作进展，才能对下一步的工作做出部署。所以说，下属向领导汇报工作是非常有必要的。

作为下属在协助领导工作的过程中，必须明白领导对工作进展、结果了解的必要性，并养成主动汇报工作的习惯。汇报工作是日常性的工作，下属应遵守这一规矩。对于一项工作，下属只是一个链条中的一环，只要干好自己的本职工作就可以了。可是领导不同，他需要总揽全局，对每一个环节都不能掉以轻心，因为牵一发动全身，一个环节出了问题，整个工作进程都会受到影响。所以，随时掌握各环节的工作状况，对于领导来说很重要——这涉及他对下一步工作的调整和决策。

很多人在工作中遇到小问题或者出了小错时，不当回事，觉得不算什么。这种想法是完全错误的。工作中的问题要及时汇报给领导，哪怕问题不大，也不要忽略，要实事求是地告诉领导，以便领导对工作的进展状况做到心中有数。

　　王鹏在一家公司工作很久了，他工作能力强，人也勤奋，许多别人解决不了的问题，他都能通过努力将其摆平。凭着认真踏实的态度，他晋升为业务部主管。知恩图报是他的一大特点，在被提拔以后，他觉得自己一定要对得起领导的赏识和重用，因此工作得更加卖力。为了帮领导排忧解难，大事小事都独自作主解决，对工作中出现的任何问题他都不去向领导汇报。然而，有一天，领导从别的部门那里听说了业务部的一些问题后，找到王鹏，问他为什么出了问题不及时向自己汇报。王鹏说："也没什么大事啊。"没想到领导听后非常恼火，对他说："是不是你认为只有大事我才说了算？什么事情你都不向我汇报，我下一步怎么部署工作？"

　　这次事件让王鹏降了职，看起来他好像很冤枉，本意是想多为领导分忧，到头来却被降职。其实，这不是领导的错，是王鹏不清楚作为领导需要对整个工作有一个全面的了解，更需要下属对自己的尊重。

　　每一个领导都希望得到下属的尊重。对领导而言，下属是否尊重自己，能不能经常汇报工作也是他对这个问题的判断标准之一。当然有些领导并不是很在意，觉得下属可能是太忙了，没来得及向自己汇报，或者是自己的情绪影响了下属，以致下属没敢向他汇报……可是有一些领导则不然，他们会认为下属没有把自己放在眼里，觉得下属对自己不尊重或者要联合起来架空自己。一旦领导这样看待下属不汇报的问题，那么作为他的下属就要遭殃了。

一天，一位客户打电话到张雅美工作的广告公司，说想做一个灯箱广告。当时经理没在，张雅美接的电话。客户便让她将这件事转告给经理。可是她说，做灯箱广告没问题，让客户派人过来谈一下具体操作事宜就行了。客户撂下电话，正准备动身前往广告公司时，接到了广告公司经理的电话："对不起，刚才我不在，没接到您打来的电话。我听公司的人说您要做一个灯箱广告是吗？这样，我马上派人过去，您有什么要求详细地告诉他们就行。"

稍停了一下，那位经理问道："刚才是谁让您派人来我公司的？"

"有什么问题吗？"客户不解地问。

"哦，没什么问题，我只是想知道，自作主张的人是谁。"客户听经理这样说，马上表示不清楚是谁。但最后经理还是查出了接电话的人是张雅美，并且处分了她。可见，作为下属要认清自己的权限，不要自作主张，有问题要及时汇报给上级，不然很可能会引起上级的不满。

然而，在工作中，下属也希望自己能够独当一面，不希望领导过多干预，而一般情况下，领导对下属的工作能力会持怀疑态度，怕他不能很好地解决问题，这时，二者就会产生矛盾。作为下属来说，遇到这样的情况，就没必要太坚持，尊重上级的愿望是最好的选择。

另外，下属不但要及时向上级汇报工作，还要在汇报工作中，认真聆听上级的意见和工作安排，明白上级对工作安排的意图，了解工作的重心。不要在上级交代工作的时候开小差，如果不能对上级的指示充分了解，在工作时就会出现各种问题。最好将上级的指示用笔记录下来，上级讲完后，再向他复述一遍，以免遗漏问题，致使自己出现工作失误。

如果领导交代的任务比较简单，下属也可以说一下自己的建议，让领导知道自己对工作的看法。如果任务比较艰巨，就要向领导详细阐述一下对这项工作的看法和计划，并征求他的意见，和领导取得共识。

汇报工作时，做得细、做得精准也是对上级的一种尊重。一个有工作能力、认真负责的上级，是不允许下属在工作方面马虎、敷衍了事的。所以，下属要认真对待工作汇报，而这也充分显示出下属对领导的态度。

2. 克服怕见领导的心理

陈红在一家私企工作，人勤奋踏实，也很有工作能力，但就是这样一个人，在公司干了两年多也没能有机会好好地展示自己的才能。这其中的原因，陈红心里明白，那就是她对领导有非常强的惧怕心理。在公司中，她很少与自己的上级交流，至于老总就更不用提了。每当被上级找去谈工作时，她都很紧张，站在上级面前忐忑不安，手心直冒汗，而上级对她语无伦次的表达也显得不耐烦。每次汇报完，陈红都是满头大汗。无疑，她这样想升职很难。

一项社会调查显示，惧怕领导，不敢与上司打交道的下属很多。他们见了领导就会远远地躲开，这样做可以避免与领导碰头，因为他们害怕和领导打招呼。当然，这样的下属更害怕向领导汇报工作。很多人表示，在向领导汇报工作时极度紧张，恨不得马上结束离开领导。对这种现象，社会心理学研究者认为，害怕领导是社交恐惧症的一种。尽管这些人也明白，没有必要那么紧张，可是事到临头他们所表现出的那种紧张情绪自己根本无法控制。有心理学家认为，这是权威恐惧症在作怪，与其他恐惧症不同的是，权威恐惧症恐惧的对象很固定，那就是对有管理权力和批评权力的人很惧怕。这种心理产生的主要原因，就是不自信。这样的人总认为自己的能力不足，万一在领导面前说错了话，会影响领导对自己的印象。所以，他们总是小心行事，生怕做得不好。其实，越是这样的人，可能越难以得到领导的赏识。在领导看来，找下属询问工作的进展或是询问在工作中遇到什么问题，是很正常的事情，没有什么值得害怕的。而作为下属，及时地向领导汇报工作进展和遇到的问题也是理所当然的事情，见到领导后，将事情说明白即可，无须紧张。因此，对于见到领导就语无伦次的下属，领导对其工作能力产生质疑也是在所难免的。

　　与领导和气相处，对于下属来说很重要，如果无法做到这一点，就很难取得领导的信任和支持，这样自然会影响到自己的发展。因为不能及时与领导沟通，许多问题可能需要花费很大的气力才能解决，

这样对工作的开展十分不利。时间长了，还会引起领导的误会，导致彼此关系愈发疏远。

　　信达公司的林宇是一位惧怕领导的人，尽管他努力工作，但所获甚少，原因是得不到领导的赏识。一次偶然的机会，林宇与领导在等电梯时"狭路相逢"，虽然他十分不乐意与领导攀谈，但在仅有二人的空间中他还是勉为其难地开了口，也正是在这次交谈中，他明白了自己得不到领导信任的原因是与领导交流得太少，领导对他并不了解。

　　新年到了，信达公司召开了下属聚餐大会，林宇因为临时有事，晚到了一会儿。而餐厅中仅有的一个座位便是老总身边的那张椅子，林宇无奈只好硬着头皮坐到了那里。高度紧张的他，在用餐时不敢对身边的老总多看一眼。也许是看出了他的紧张，老总主动与他交流起来，因为环境特殊，交谈的又都是工作以外的事情，林宇的紧张情绪慢慢得到了缓解，便比较顺畅地与老总攀谈起来。最后，老总对他说："不要胆子那么小，总是躲着领导，那么紧张很没必要，要记住多和领导接触，这样才能让领导对你有更多的了解。"

　　通过这次与领导的交流，林宇发现，其实领导没自己想象的那么可怕。也是从这之后，他逐渐地克服了害怕领导的心理，从而改善了与领导之间的关系。由于林宇本来就努力肯干，又有才能，所以，不久之后他就获得了晋升。

其实，克服惧官心理没有想象的那么难，只要保持平常心就可以做到。要告诉自己，他既是领导也是同事，尊重他但不必害怕他，大家都是为了工作走到一起的。当然，要不断提升自己的工作能力，让良好的自身素质与才能为自己增加更多的自信以及让领导信服的理由。另外，要客观对待自己与领导的关系，要懂得下属是协助领导完成工作目标的，大家的目的一样，如果能有这样的心态，害怕领导的心理就会被淡化。当然，想要克服惧官心理，也需要自身的努力，需要在平时多尝试、多锻炼。如在某些场合尽量往前面的位置坐，让领导看见你。很多时候，在单位组织的各种聚会或是召开会议的时候，人们总是喜欢抢占后面的座位，而前面的座位大都空着，除非座位很少，才能坐满。后面的位置总是最先被占满，原因是大多数人都不希望自己太显眼，有一种在领导面前隐藏自己的心理，而且人们大都害怕领导的目光。如果想要克服怕见领导的心理，那就从这样的聚会开始改变自己，不管在怎样的聚会场所中，都让自己往前面坐，勇敢地与领导的目光相接触，最好对领导的讲话，用自己的目光给予友好的回应。形成这样的习惯后，害怕领导的心理就会慢慢消失。

另外，养成抬头看人，正视对方的习惯。一般情况下，如果一个人不敢正视对方，就可以断定这个人在对方面前是自卑的，最起码是缺乏自信的，所以才会躲避对方的目光，或者害怕对方看透你的心思。这样会让对方觉得你不够真诚，无形之中为彼此拉开了距离。而这样的表现，也会让自己更被动，由于你的躲避，增加了对方的强势心理，你自然"不战已溃败"。所以，要养成正视对方的习惯，从而赢得他人的尊重和信任。

微笑可以缓解紧张情绪，也能为他人带去温暖的感觉，从而改善人际关系。对于领导也是如此，一个面带微笑的下属向他走来，他也会有愉悦的感觉，这种反应会很好地缓解彼此生疏、紧张的情绪。

领导真的没有那么可怕，只要下属能够正确认识这个道理，并根据自己的情况进行一些训练，是完全可以改变害怕领导的心理的。

3. 尽快适应领导的工作风格

达尔文说："适者生存。"也就是说，只有适应环境，你才能很好地生存下去。

作为下属，适应领导的工作风格，是决定其能否更好地领会领导的意图，将工作顺利开展下去的一个先决条件。下属是协助领导完成工作目标的人，他的出发点，首先是在领导的指示下开展工作。所以，对于下属而言，领导所给予的环境，对他的影响是很大的。

一个人不一定永远在一个单位工作，即便是不换单位，也不一定永远在一个领导的手底下工作。换领导对于很多人来说是常有的事，因此，总会听一些人抱怨说，新来的领导怎样怎样，他的工作风格自己如何的不习惯，等等。对于这样的问题，人们该如何解决呢？

韩国前总统李明博曾提出过一个"身体和床"的理论。他认为，适应自己的公司，是下属必须懂得的道理，而且有必要为此去改变自己。他说，对于他的理论，可能有些人会持反对态度，认为自己的观点就是要身体去适应床，这种思维方式带有权威色彩，也是非科学的。但李明博强调，他的这一方法确实比较实用。

李明博出生于平民家庭，后成为韩国总统。他在政商两界都取得了巨大成就，他的经历以及人生体验对于其他人来说还是很值得学习的。在对各类职业的调查中，一些人被问到离职的原因时，会说"和领导合不来"，有些人认为领导不重视自己，或是和他在一起工作不愉快。还有一些人，和原来的领导相处默契，可是换了新领导后，自己无所适从，所以便用跳槽来解决这样的问题。

刘军所在的公司最近进行了人员调整，他原来的上级被调到了别的部门，由另外一个人过来接手其工作。新领导的管理风格让刘军很不适应：新领导喜欢独揽大权，所有的事情都要亲自过问，并且每次都要按自己的意见办，哪怕是很小的事情都是这样。原来一些只需要向刘军汇报的下属，如今也由新领导直接过问，这和从前的领导完全不是一个路子。新领导的做派让刘军很是郁闷，有一种不被人信任的感觉。尽管同事说，新领导在别的部门时也是这样的工作风格，但刘军还是无法接受，所以，他打算换个公司。

其实，这些与上级无法相处的人，完全可以换一种思考方式，那就是去适应上级的工作风格。每个人由于个人成长的经历和获得的人生经验不同，做事的风格自然不会相同，如果下属与上级的做事风格不能相容的话，势必会产生摩擦和矛盾。作为上级是不可能屈就下属的，这就需要下属去主动适应。

有人认为，坚持自己的风格是个性和能力的体现。所以，在碰到与自己不默契的领导时，便会固执地坚持自己的做事风格，这样做是错误的。任何一种关系，都必然是双方作用的结果。可是，当一种关系出了问题后，人们往往会指责对方，很少去正视自己在其中的责任。在上下级关系的处理中，这样的情况也是常见的，一旦上级和下属产生了不愉快，双方都认为自己没有错，各执己见，并可能由此产生敌对情绪。其实，作为下属而言，这样的局面对自己是很不利的。因此，如何处理与上级的关系值得深思。

很多实例表明，上下级关系的不和谐，主要是由下属无法适应领导的工作风格引起的。所以，为了更好地开展工作，为了自己的职业生涯更加顺畅，下属一定要尽量改变自己去适应领导的工作风格。不论你是刚到一个公司，还是刚刚换了新的领导，学会适应他是你必须要明白的道理。

领导风格，就是领导者在管理工作中，所体现出来的行为模式。作为一个领导者，为了达到管理的目的，对他人的行为产生影响，会采用不同的行为模式。如有时偏重于信任和放权，有时偏重于监督和控制，有时可能会更注意鼓励的方式，等等。作为下属，领导的这些行为模式，是可以在工作中观察到的。一个领导的风格不像他的性格，性格是不容易改变的，但是工作风格会根据需要，经常做出调整。这就需要下属平时多留心观察，并随时做好改变自我的准备，才能适应领导的不同行为模式。

张涛和朋友说起过这样一件事：他所在的公司来了一位新经理，看上去人很温和，对下属也不摆架子，跟之前的领导很相似。所以，

汇报工作是门技术活儿

一些中层领导便放松了警惕，依照从前的习惯向新领导汇报工作。公司之前的总经理，喜欢用纸条的方式与下属沟通，如果工作中谁有问题，写个纸条给总经理的秘书就可以了，总经理会找个时间对它们逐一过目，大家对此也早已经适应了。

新领导上任后，大家觉得他与之前的总经理好像是一路人，于是，还是按照从前递纸条的方式汇报工作。可是有一天，新经理被惹怒了，原因是一位中层领导在接受了经理部署的任务后，中间出了点错，自己想办法把事情解决了，之后他也只是用递纸条的方式向领导汇报了这一情况。新领导对此十分恼火，当众将他训斥了一顿："出了错，你还递纸条，寥寥几行字能说明问题吗？"而且，他还责令所有的人，以后改掉递纸条的习惯。张涛说，这以后，大家再也不敢对新领导掉以轻心了。

作为下属，对新来的领导一定要用心观察，并尽快改变自己的工作风格，以适应新领导的要求。否则，一定会碰壁吃亏。可以说，下属适应领导的风格是必需的，这直接影响着自己的事业发展。

所以，作为下属，要舍得花时间了解自己的上级，对上级要多一些观察，这样才能清楚他的管理风格，知道他喜欢怎样的工作方式，厌恶哪些工作方式，什么时候他的管理风格会因时而变。然后，改变自己，去配合上级的工作风格。

4. 主动汇报，让工作更加顺畅

有人说李强是最傻的下属，在接到上级部署的工作任务后，他便一头扎进去干了起来，中途，由于领导不放心，找到他问工作进展，他回答"正常"。过了几天，领导见他那里还没动静，再一次找到他问"怎么样了"，他还是回应"正常"。又过了一段时间，仍听不到他汇报工作，领导坐不住了，找到他急切地问："到底事情进展得怎么样了？"他说："已经完成了啊。"领导缓过神来后，心想："这件事原来这么简单啊！"

其实，事情并不一定那么简单。可能是下属自己克服了工作中的所有困难，才将它完成的。但是，因为下属没有向领导汇报他在工作中遇到的难题，自己默默解决了，所以，领导无从体会其中的艰难。这样的下属虽然不辞辛苦地完成了工作，但在领导面前，并不能获得应有的公正对待。这个结果与上级的理解和判断没有太大关系，是下属不了解汇报工作的重要性，以为只要把领导交代的事情完成就行了。

现实生活中，很多人把向上级汇报工作看成是可有可无的事情，

汇报工作是门技术活儿

甚至会觉得经常向上级汇报的人有溜须拍马之嫌。在他们看来，完成任务就万事大吉了，上级自然可以看得到自己的劳动成果，对自己有一个公正的判断。而事实上远非如此。只干活不汇报的下属，往往得不到上级的重视，加薪、晋升的机会常常与他们无缘。

还有一些人，接到任务后，由于没有和领导沟通交流，就默默开展了工作，结果与领导的意图发生了偏差，甚至造成严重的错误，导致自己承受被解雇的结局，或是赔偿单位的损失。这就是不了解主动汇报工作重要性所造成的后果。

当上级把一项工作交给下属之后，他会时刻关注着此项工作的进展以及过程中可能出现的问题，如果下属不能及时汇报，他就无从了解事态的进展情况，不得已只好亲自不停地过问。所以，对于领导来说，下属不主动汇报工作，往往会让他产生反感情绪。因此，作为下属要做到不管工作的成效怎样，都要及时向上级汇报，即便是工作还需要花费一段时间才能完成，也要在中途向领导交出工作汇报，让上级了解你是否按照原来的计划在做，如果不是，他会根据情况对工作进行调整。这样，即使不能按原计划完成工作，上级也能知道其中的原因，不会因为无法按时完成工作任务去责怪你。

在工作中，特别是在工作出现问题时，更要尽快汇报，好让上级及时做出应对调整。一些下属，总喜欢报喜不报忧，怕上级责怪自己。其实，越是这样的情况，越要及时汇报给领导，以便让领导及时想好应对的方法，不然会使事态变得越来越严重，最后弄到不可收拾的地步。

　　汇报工作是一项重要的工作，它关系着上级对全局的掌控，也关系着下属的切身利益。汇报工作不仅体现出下属对一项工作的重视度，也体现出他的细致、虚心以及对领导的尊重态度。能在工作中及时汇报的下属，领导会更加信任，并从中发现他的长处和能力，从而获得更多的机会。由于能够主动汇报工作，及时得到上级的帮助和指点，也能让工作进行得更顺畅，避免了出现差错的可能。

5. 实事求是，不自夸也不夸大其词

汇报工作的一大忌就是片面地汇报情况，将自己的主要成绩进行重点汇报而忽略了其他方面。这种不全面、不接近实情的汇报会让你的上级对你失去信任而不再重用你。

很多下属为了彰显自己的业绩或者出于不甘心屈居人下的攀比心理，总是会使出浑身解数来为自己的总结"增光添彩"，通过一些夸张的词汇或者虚假的业绩使自己的总结能够达到"鹤立鸡群"的效果，借此引起上级的注意和青睐。但殊不知，一味地脱离实际或者唱高调，不仅会让上级对你的工作产生怀疑，甚至还会因为你在总结中描述的"高起点"给自己接下来的工作带来"高难度"，而因为你的夸张与不切实际给公司带来损失就更是得不偿失了。

大学刚毕业的唐伟在本地的一家知名企业找到了一份工作。由于家境不好，他对这份高薪加名企的工作机会很是珍惜与重视。到了年底，大家都要做工作总结。唐伟是新人，所以在工作上的业绩难免会比其他人低。为了留住这份工作，他只好通过在总结中夸大自己的业绩，并将与同事一同做的工作都归到自己名下来向上级展示自己的实

力与能力，力求继续在公司发展。上级看了报告后很是欣慰，觉得这个新人大有发展前途，对他很是看好。为此上级特意开了个会议，依据唐伟的工作报告，在表扬部门成绩的同时，更对唐伟本人的能力大加赞赏。但部门的其他人听了唐伟的工作报告后都感到很恼怒，因为唐伟把大家共同努力的成果都归于他一人名下。针对这种情况，在会后很多人向上级进行了举报。在私下里，同事们也对邀功的唐伟不再友好，拒绝再与他有业务上的合作与往来。上级在查明实情后，开始责难唐伟。就这样，唐伟在上级的责难、同事的排挤中，不得不递交了辞职书，离开了这家企业。

唐伟因为急于向上级展示自己，在总结中夸大其词地邀功请赏，这种行为在很多人的工作报告中都是存在的，为了求得在上级心中的好印象，从而使自己得以提升，一味地拣好听的说只会导致众叛亲离。可以说，这种得不偿失的行为是下属在作总结与报告中的一大忌讳。

夸大成绩、欺上瞒下的做法是非常不可取的。因为工作以来，你所做的业务，取得的成绩上级心中有数，同事的心中也有一杆秤，自然能称出你的分量，每个人的眼睛都是雪亮的，也自然能看出你的能力。况且，总结不仅是总结成绩，还要指出工作中存在的问题与不足，同时也是对接下来所要承担的工作的一种谋划。可以说，总结的目的就是对上级负责，对公司企业和单位负责，让上级领导能够针对公司或单位的具体问题做出正确而恰当的决策。如果因为你的不切实

‖汇报工作是门技术活儿

际和夸大其词在报告中掺水造假，使上级在虚假信息的基础上做出了错误的决策，这种决策必然只能是空中楼阁，与企业或单位的发展不相吻合，给企业或单位造成重大损失。

工作做得好，就要在报告中总结经验的同时话得失。在报告中要体现出"有则改之，无则加勉"的效果，切记不要盲目夸大、邀功请赏——欺上瞒下只会使你失去上级与同事的信任。在工作中好大喜功的做法是非常不可取的。

在写汇报报告时，有些人的报告写得华而不实，把总结报告当成了一场"秀"，内容空洞，废话和大话连篇。要知道并不是总结写得好，就说明你的工作完成得出色且业绩突出。这种给总结"穿上靴子、戴上帽子"的文风其实是很多上级最不愿意看到的，因为这种报告不仅要花费大量的时间去阅读，而且这样的报告在写的过程中必然要经过美化，少不得从网上下载资料或找人代笔完成，非常容易出现报告"八股化"或者抄袭成风的现象。可以说，任何一个领导都不愿意看这样的报告。而如果你妄图用这样"水分充足、干货稀少"，只会务虚和干喊口号的报告去打动领导或上级的"芳心"简直就是痴人说梦。所以，汇报工作时在报告中应该多讲工作中遇到的实际问题与出现的困难，做到实事求是。

其实，只有当你的报告做到实事求是时，领导才能看到你的主要成绩。当你总结工作中的成败得失时，就已经是在做系统性的回顾与理性的分析了。当你将自己的成绩讲明，出现的问题理清，解决的办法写上，就已经可以算一个优秀的下属了。因为讲成绩，上级能看到你的工作效果；摆问题，上级能找到你的症结；做打算，上级能理清你的思路。这时的你才是一个可以让上级放心的下属，因为只有当你明白自己的问题所在并能够做出修改，在报告中实事求是地表现出来，上级才会放心地把更大的项目、更艰巨的任务交给你去完成。

实事求是地做总结也是你对自己有信心的表现。只有严格地按照上级的指令执行并扎扎实实地完成好自己的本职工作，而没有在工作途中耍滑偷懒时，你才不会对作报告产生惧怕的心理。因为在你心里，总结不过是对自己工作的简短回顾，在回顾的基础上做一些分析和归纳而已。如果你已经很好地完成了任务又何必要怕做总结呢？只有那些业绩不达标、工作不到位的人才会在报告中用夸张的词汇掩饰自己的不足。所以，一份总结报告是否从实际出发，能否切实地展现出自己所做的业绩与所处理的问题，也是一个下属对自己的工作、自己的成绩是否自信的表现。

总结的根本目的是对所做工作的总结，并能够及时地发现问题及不足，找出解决的办法，探索出一条不再充满荆棘的道路继续前行。因此，在撰写总结和报告的时候尽量不要写那些空话和虚话，只通过具体的表格、准确的数字和简明扼要、实事求是的语言把你的业绩、困难和下一步的打算表达出来就可以了。只有让总结务实、高效、实实在在，上级才能充分肯定你的工作成绩，找到影响你工作的不利条件，并针对这些不利条件做好相应的对策，最终为你接下来的工作能够更好地开展提供明确的方向。

6. 重视出差汇报，切不要一去"杳无音讯"

《哈佛学不到》的作者马克认为，谁经常向他汇报工作，谁就在努力工作，反之，则不然。

有两个同时进入公司的大学生——孙浩与刘栋。二人不仅工作勤奋，专业知识也很扎实，都有很好的工作业绩。可是，一段时间后，刘栋成为业务主管，孙浩还是普通下属。于是，一些人在私底下猜测，刘栋与领导有亲属关系。一次，他们的上级在谈起大家的这种猜测时说："之所以提拔刘栋，是因为他让我放心。"上级说，刘栋不论做什么工作，都会定期向他汇报，即便是出差谈项目的时候也会这样做。每次谈项目结束后，刘栋都会立刻将情况汇报给他，遇到特殊情况更是如此。另外，每次出差回来后刘栋都会给上级递出差报告汇报工作的情况。所以，他很愿意安排刘栋出去谈项目，因为他让自己放心。而孙浩只知道闷头干活，每次都是上级问到他，他才说说自己的工作情况。可以说，他们二人发展前途不同，其主要原因就在这里。

‖汇报工作是门技术活儿

作为下属一定要积极向领导汇报工作，让领导及时了解你的工作情况，尤其是做市场经常出差，一般情况下，几天之内是不会产生效益的，它需要一段时间的耕耘才可能有成果，在这样的情况下，及时向上级汇报你的工作就显得尤为重要。

约翰是一家公司的产品经理，一次，他去外地开拓市场，一个星期过去了，也没向市场部汇报他在外面的任何消息。急切盼望消息的业务部经理，最后不得不亲自打电话给约翰，询问工作进展情况："这些天你在外面跑得怎么样了，有没有点眉目啊？你连个电话都不打，真是急死人了。"约翰不好意思地说："这些天我起早贪黑地跑，可是一点结果都没有，不知道该怎么给你说。"撂下电话后，业务部经理无奈地摇了摇头。对于这样的下属，他真是觉得没话说了。其实，作为下属的约翰，在外面整天没黑没白地忙碌着，辛苦没少受，可是他的上级却不知道他都干了什么，甚至可能还会以为他在偷懒，这就是出差期间没有及时汇报工作带来的影响。

一家公司的老总曾在一次展销会上对人说："我的一个分公司经理出去差不多一个月了，一个电话都没给我往回打，我看我要是不亲自把电话打给他，他是不会打给我了。需要促销资源的时候，那电话可积极了。"从这位老总的话里不难发现，上级是非常在意下属出差在外的工作汇报的。

一项工作命令下达之后，领导必然想清楚地了解其进展。如果上级派下属去外地完成某项工作，下属却一去"杳无音信"，上级自然会很恼火，这样的下属，领导还怎么会再委以重任？

一份份及时详细的出差汇报，让上级在了解工作进展的同时，也了解到下属在外的辛勤付出，即便他因为工作原因寻找一些便利，上级也会在力所能及的情况下答应他的请求。

张峰在一家机电厂工作五年了，从最初的学徒工，到后来的车间主任，再到现在业务部的经理，也算是一路顺畅。他能得到上级的重视，正是源于他的勤于汇报，尤其是到了业务部后，每次出差在外他都会及时地将自己的工作汇报给上级。前段时间，他向上级提出拓展业务的想法，上级考虑到这个项目有一定的风险，便没有答应他。于是，他利用上级让他出差的机会，在工作之余，对那个项目又进行了认真调研，并详细写出了几大张汇报传给自己的上级。上级本来对张峰就很信任，见他人在外地，除了完成自己对他要求的工作外，还能不辞辛劳地在业余时间为这个项目做大量调研，而且调研结果写得那么详细。于是，他决定重新考虑张峰提出的拓展计划。

人在外，出差汇报便是领导了解你与你的工作如何的唯一途径，因此，一定要重视出差汇报，切不要一去"杳无音信"。现在人人都随身携带着手机，完全可以利用这个便利的通讯工具及时地向领导汇报你的工作，让领导对你的情况有个大致的了解。

出差回来后，也应该写一份详尽的汇报给领导，将在外面的工作、感想，以及对今后工作的建议写进去。

王洪林是一家公司的业务骨干，出差回来后，他便向领导递交了一份这样的出差汇报：

尊敬的常总：

您好！我于2月13日～3月25日到山东出差，现将出差的过程和感受向您做一个汇报。

（1）此次出差的主要目的是：推广产品，开拓市场，发展新客户，并对我公司产品在此地的市场占有率进行调查。

我于2月24日从济南乘车到泰安拜访了我们公司的老客户，通过对他们的走访，收集到我们的产品在那里的销售和使用情况。在泰安停留两日后，又去了青岛、威海、临沂、郓城等地，进一步调查了我们产品的市场情况。

（2）通过这一个多月的出差，我对咱们公司产品的市场状况以及下一步的市场拓展方向有了一些认识。我认为，同类产品在这一地区的品种很多，市场已经趋于饱和，想要扩大市场占有率的话，下一步的拓展工作将要付出更大的努力。在外出差的这段时间，通过考察和收集客户的反馈意见，我认为咱们的产品在设计和价格方面还存在一些问题，我们的产品虽然性能优于一些厂家，但体积稍大，线条不够完美，这是我们的产品逊于别人的地方，因此，客户的认同度不是特别高。另外，价格上也有些偏高。

在考察中我发现，本地也有许多厂家生产这种产品。地理优势使其在产品推广、售后服务等方面都比我们占有先天优势。因此，作为外来产品，想要在此站稳扎牢，还需要在品牌营销和产品定位上进一步完善，同时，要细分客户，进行有针对性的营销，效果可能会更好。在这次出差中，通过与客户交流，有几家商铺愿意与我们签订代理合同，希望领导考虑，制订一个可行的销售代理方案，以巩固这边的销售渠道，赢取更多客户。

（3）此次出差之前，我查阅了很多相关资料，对如何开拓市场和发展新客户做了一个初步计划。因为之前的准备工作，对到这边如何开展工作有了比较清晰的方向。我直接去了同类产品的经销店，对他们的产品与销售有了初步的了解后，才去分公司与分销店，了解我们产品的销售情况和客户的意见，并通过对比总结出我们的优劣势，在此基础上与商家交流沟通，挖掘了一些新客户。

通过这次出差，我知道自己在销售和谈判方面还需要学习历练，需要更多地掌握产品知识，以便在今后的工作中派上更大的用场，也希望领导能再次给我这样的学习和锻炼机会。

特此报告

2015年8月26日

业务员：王洪林

一个靠谱的下属，必然谦虚好学，善于领会领导意图。所以，不用领导强调，他也知道汇报工作的重要性，尤其在自己出差在外时。

汇报工作是门技术活儿

他不仅会向领导报告工作中遇到的重要问题和工作进展，也会将自己在外的个人情况告诉领导，让领导放心。同时，在出差回来后，会写一份详尽的报告给领导，让领导对出差过程和本公司的产品情况有一个更清晰的认识。

7. 通过年度总结为自己加分

每到年终写工作总结时，很多人都会愁眉不展，不知道该如何将总结报告写得令领导满意，为自己加分。年终总结，顾名思义，就是将这一年的工作情况进行检查和评价，力求以实事求是的态度对工作做具体的分析研究，对经验和教训进行总结，以便为以后的工作指明方向。每年的岁尾，各个单位都会做此项工作，目的就是更好地促进下一年工作的开展。

作为下属，在年终时，不管你在过去的一年中工作成果怎样，有过什么样的成绩和失误，不管你愿不愿意，会不会写，这项工作你都得面对。既然如此，就要认真地思考一下，在这一年的工作中自己可以拿出来进行总结的事情，交上一篇让上级满意的答卷，为自己加分。

孙艳在一家公司做中层管理工作，每年的年终，都会收到下属们交上来的总结汇报。大家写的总结可谓五花八门，有些人为了应景，在网上找了一些材料后，将其拼凑成一篇总结；有的人则仅仅把上一年的总结，改一下日期便交了上来；甚至有人直接抄写同事的总结，把他人的工作也算到了自己的头上。可想而知，以如此应付态度交上来的总结会是怎样的行文。

看着这样的总结报告，孙艳气就不打一处来，将其统统退回去，责令大家重新写了再交上来，每年都是这样。眼看着又到年终了，孙艳陆续收到了大家的年终总结。今年和往年没什么大的变化，好多敷衍了事的，实在让人觉得过不去的，又被孙艳退了回去。不过，在今年的年终总结汇报中，有一位下属的总结让孙艳心中欢喜。这位小姑娘叫陈阳，从这份总结中可以看出来，陈阳很聪明。她将自己最想让上级知道，又不好意思说出口的事写进了总结中。

在公司，陈阳的工作很简单，平时也没什么特别表现，当然也没犯过什么大错，就是一个表现平平的下属。可是，在今年所有的年终总结中，唯独她的总结写得最好。在这份总结中，陈阳道出了一件不为人知的自家事情。10月份，因为工作需要，陈阳被公司派往外地出差，可是当时她的父亲生病住院了，母亲忙于照顾父亲，没时间帮她照看孩子，但考虑到公司每个人都有自己的事情，如果因为自己打乱大家的工作会让领导为难，所以，她只好让一个亲戚前来帮助自己照看孩子，谁知道，这位亲戚来了之后，再也不愿意回去了，还把自己的孩子也接了过来，住在她家，弄得陈阳的丈夫很是不快，可陈阳并没因此而后悔。

看完这份总结，孙艳感觉到拥有这样的下属是自己的福分。作为领导都希望下属能够体谅自己，所以孙艳觉得陈阳就是这样一位好下属，宁可自己犯难，也不对领导提出各种要求，只是自己平时对她的情况了解得实在太少了，没能为她创造更好的工作条件。由此，她也回想起平时工作中陈阳的一些表现：如从没有因为多做一点工作抱怨过，只要是领导安排的工作，她都会按时完成。也从没见她和同事因为工作上的事情，有过这样那样的争执。这样一想，孙艳越发觉得应该和陈阳好好谈一谈，为自己平日里对她的疏忽表示歉意，同时也觉得自己要好好地向她表示感谢，谢谢她对自己工作的支持和理解。

一份年终总结，让上级对下属有了更加深刻的了解，这对下属来说的确是一件好事。可是，很多下属对此并不以为然，觉得年终总结就是走个形式而已，对自己的工作没有任何影响。因此，从心底里没有把它当回事，这种对待年终总结的态度，会失去很好地为自己加分的机会。像陈阳那样，将总结当成与领导沟通的机会，把自己对工作的良好态度借着年终总结汇报给领导，其实真的是很聪明的做法。

工作中，不是每个下属都有与上级经常沟通的机会，也许自己的优点和长处上级真的不是很清楚，那么为什么不抓住年终总结的机会，将自己推荐给上级呢？可能很多人认为，年终总结挺难的。其实，并非如此，只要大家掌握了方法和技巧，多加练习，就可以写出一份令领导满意的总结。

那么，如何写出一份好的年终总结呢？只要在下笔前注意以下几个关键所在便可以了：

（1）总结中要囊括三个主要内容：成就、问题以及改善计划。业绩是要放在前面说的，然后是问题，最后还要阐明一下自己对问题的解决思路和建议。总结要有创意，内容要层次分明。写总结的时候，遇到不懂的地方可以请教前辈或上级，切忌敷衍了事。

（2）要注意字数。不要把一份总结写得过于繁琐，字数最好控制在2000字内。有的人写总结，洋洋洒洒写了几页纸，可流水账式的行文，让人很难分清重点，这是费力不讨好的做法。

（3）注意要用数据说话。大家要明白，一份好的年终总结一定是有翔实、精准的数据做支撑的——用数据说话最有说服力。但数据收集的方式一定要令人信服。

（4）除了要注意年终总结的内容外，还要注意它的形式，注意段落之间的过渡，注意用词准确，表达无误，注意行距与字间距，以及用哪一种字体和颜色。如可用3号标宋作为大标题，用5号宋体做正文等。

（5）一篇好的总结，文字的表达也很重要。所以，语言最好要有创意，避免大而空的套话，也不可太平铺直叙。最好能在现代流行语中找些可以为己所用的词来装饰你的总结。

年终岁末，对这一年的工作做一个回顾和分析是必要的，这不是什么形式主义，而是让大家在总结中写出经验和教训，以此来指导下一年的工作。如果大家认真对待这个问题，就可以在总结的过程中，真的找到工作中存在的问题和教训，这对以后的工作大有裨益。更重要的是，这是一种与领导沟通的方式，一份好的总结，绝对是可以打动领导的。所以说，总结做得好，也是一次为自己加分的机会。

8. 职场新人要加大汇报频率

很多人不喜欢领导定下的勤汇报的规矩，觉得那样缺乏自由，觉得这是领导对下属的不信任。据一项调查显示，差不多有七成以上的人认为，没必要事事汇报。

林晓华是一家公司的行政专员，他认为没有必要总是向领导汇报工作。他说："我曾在两家公司供过职，一家是外企，一家是民企。民企的领导把下属汇报的问题看得很重要，要求下属每天汇报工作，这让我有种不被信任的感觉，而外企就不这样，相对来说更自由一些。"林晓华认为，民企的领导虽然通过下属的汇报能及时了解到公司的情况，但这对于下属来说，有压抑感。

在职场中，大多数人都像林晓华一样，对勤汇报持反对态度，只是对上级的要求不敢违抗，不得不为之。但也有少数人认为，在工作中，应该及时与上级沟通，尤其是职场新人。

作为一家广告公司的业务部经理，王红说，她对勤汇报的工作做法是支持的。她认为，请示汇报工作不代表下属的能力不足，相反，下属会从中学到如何将工作做到最好的方法。正是与上级在工作中的勤交流，才让自己积累了更多的经验，少走了很多弯路。她说："任何事情都有它的两面性，但对于职场新人来说，勤汇报是利大于弊的。通过对日常工作的梳理、总结，新下属可以对工作熟悉得更快一些。"

很多职场新人，只知道闷头做事，不知道与上级沟通，就算是有不懂的地方也不问，闷着头按照自己的想法去做，结果在工作中经常会出现偏差。

职场新人往往不懂职场的规矩，做事情不计后果，如果不能和自己的领导勤沟通、勤汇报的话，是很容易惹麻烦的。新人往往很看重自己的面子，生怕被上级否定，让领导觉得自己没能力。其实，任何下属都要经历一个由不懂到懂、从不会到会的过程。所以，想要让自己成为优秀的职场人，就要经常向上级汇报自己的工作，寻求他的指点和帮助。而经常主动地向上级汇报工作，也能更快地引起上级的注意，从而为自己争取晋升的机会。很多聪明的职场新人，就是通过勤汇报工作获得上级的赏识的。

李佳是新进公司的下属，与她一起进来的还有几个人。在他们入职的当天，行政部就为每人发了一个笔记本，并告诉他们，公司有规定，新人入职后，每个星期都要向上级汇报一次工作，周五将写好的总结交到自己的上级那里。

其他下属都没把这件事放在心上，只有李佳每天像一个小学生似的，认真写着自己的工作总结，到了周五写周总结，随时将自己的心得，以及工作中存在的问题和自己的建议，汇报给上级。那几个与李佳一同入职的下属见李佳如此，都暗中笑话她，觉得她很幼稚。可是，李佳并未受此影响，一直坚持着写汇报、写总结。最初，她只是为了遵守规定而写，可是，慢慢地她发现，写汇报能使自己的工作很有计划性，并使她养成了今天的事情，今天一定要完成的良好习惯。不仅如此，李佳还发现，领导经常找她谈话，并对她提出的一些建议表示赞赏。与此同时，她也发现了其他下属嫉妒的眼神，但她还是很开心，毕竟自己赢得了上级的肯定和认可。

半年之后，李佳竟当上了部门经理。那些与她一起进公司的人，除了被淘汰的，其余的人则成了她的下属。可见，经常汇报工作对于职场新人来说多么重要。

通常来说，新人汇报工作有如下好处：

(1) 通过汇报工作快速提升自己的工作能力。新人通过汇报工作，可以对自己的工作进行认真的梳理。写工作汇报的时候，必须对一天的工作做一个回顾，这样就对自己当天的工作情况有了更清晰的了解，从而更加理性地去总结工作方法和技巧，而且，也可以发现自己在工作中存在的不足，这对提高自身能力很有益处——明白不足才会弥补，才能进步。因此说，汇报工作是提升自我的一个非常好的途径。

（2）汇报工作也是为自己找到了与上级交流的平台。新人通过向上级汇报工作，可以让上级了解自己的工作进展情况，在工作中遇到了哪些困难，这样便可以得到上级及时的帮助和指导。新人需要有一个学习的过程，而与上级交流，其实就是一个很好的学习机会，毕竟上级对公司和工作非常了解，可以指导你怎样去做好工作。

（3）汇报工作是新人自我保护的一个很好的方法。新人初入职场，对其一无所知，而职场本就是一个矛盾重重的地方，存在着各种问题，一些问题绝不是一天两天可以看得到的。而每天的工作汇报，保留了当天的工作状态，为日后的查询和追责，留下了很好的洗白证据。

（4）工作汇报，记录了自己工作中的点滴，无疑是一份职场成长日志。日后翻看会感受到一份岁月的记忆。

每一位职场新人，都不要对工作汇报不当回事，更不要有排斥心理。同时，还要加大向上级汇报工作的频率。

9. 上下级如何在非工作时间沟通

对于职场新人来说，并不是每一件任务都能在工作时间内完成或执行的，那么对于那些在节假日之中产生的结果和突发状况，是否应该马上向上反映、征求回复呢？假如经常在假期内拨通领导的电话，或许会让他心烦意乱而大为光火；而如果将部分重大事件拖后，又可能会让整个团队的利益受损。

吉冈幸夫的职业是一名销售员，他的领导是丹麦人，名字叫特赖恩　堪默。堪默先生的生意是将丹麦出产的各种零售品卖到亚洲，所以他聘用了吉冈幸夫做亚洲区的特派员，专门负责市场开拓与业务维护。由于两人的英语都很生涩，所以吉冈幸夫和领导的沟通只能依靠翻译软件，效率十分低下，两人因此很少进行工作之外的对话。

在一个周日的晚上，吉冈幸夫同来自韩国的零售商基本达成了合作意向。由于这名韩国老板需要先收两箱样货试卖，如果销路不错就马上签署批发协议。所以吉冈幸夫非常高兴，一回到宾馆，他马上给堪默先生打了电话。

周末加班为公司开拓新渠道，并且还初步搞定了一个新市场，这

汇报工作是门技术活儿

一点或许在绝大多数情况下都会得到老板的奖励。但是令吉冈幸夫没有想到的是，堪默先生竟然连续两次拒接了自己的来电，一直到第三次才接听了他的电话。

当吉冈幸夫和以往一样用蹩脚的英语汇报了本次成果后，他发觉对方对自己这次劳动成果似乎并不非常兴奋。在电话里，堪默先生仅仅简单地回答说："我认为这个方案还需要进一步深入了解，比如货运的渠道、定价，以及其他所有事情，都需要进一步探讨。"

对于上级领导这番表述，吉冈幸夫感到非常意外，他追问说："对不起先生，您所指的'所有事情都需要探讨'，这个'所有事情'到底是什么事情？"

"我会在周一给你发送电子邮件。"堪默先生说，"到周一你接到我的邮件之后就明白了。"很显然，这一次沟通并不理想。而且吉冈幸夫明白，如果按照欧洲时间计算，自己收到邮件的时间将会更晚，大概得到周一的凌晨或者更晚，这一点对于潜在的客户来说，毫无疑问是非常不尊敬的。

因此，在经过了一番深思熟虑之后，吉冈幸夫再一次拨通了堪默先生的电话，询问对方是否可以立即向亚洲发货。这一次，堪默先生终于被激怒了，他回答说："我不想用自己的休息时间去工作，物流公司的人也在享受假期。如果没有其他事情，就等到周一再汇报工作，你明白了吗？"

经过这一次冲突之后，吉冈幸夫认为，自己的努力没有获得回报，反而遭受了不应有的评判。因此，两个月之后，他向堪默先生提交了辞呈，离开了这一工作单位。而堪默先生也没有挽留吉冈幸夫，从这一点来看，他对于这名辛勤工作的日本职工，也是并不欣赏的。

实际上，吉冈幸夫是一名好员工，堪默先生也不是一位糟糕的管理者。只不过从堪默先生的角度来说，下属汇报工作的时间选取不正确，这一点增加了两人之间的隔阂和不理解。在选聘吉冈幸夫接班人的时候，堪默先生指定的第一条准则就是"利用工作时间处理完所有业务，禁止假期内汇报工作"。在他看来，假期必须是和家人孩子一起出去娱乐放松的，或者一家人高高兴兴地享受美食，这样的生活态度，远远不是能够用金钱来衡量的。

那么，对于非工作时间的业务汇报，是否就应该一律推后到领导返岗之后呢？很显然这种观念也是不正确的。可以说，吉冈幸夫的工作态度，在全世界绝大多数管理者眼中，都是需要提出奖励的。因为对于销售行业来说，顾客就是上帝，能够开辟新市场的员工就是天使。所以有关于业务增长的工作汇报，任何时间、任何地点都将是被鼓励、被提倡的。而且，除了销售业之外，其余行业的工作内容，如果发生较为紧急的突发状况，也都是需要及时汇报的。所以说，是否应该在假期内向领导汇报工作，这个问题需要辩证分析，同时寻找到另一个更为合理的解决办法。在工作期间，上下级之间如果发生了像堪默和吉冈幸夫这样的冲突，那么一定是沟通出现了问题。

实际上，关于周末是否应该汇报工作，还是上下级之间没有提前做出良好的沟通而产生的分歧。一般来说，没有被领导特别指出的业

汇报工作是门技术活儿

务内容，都是可以延缓到工作时间再去汇报的。因为就一个相同的意外来说，管理者所能够承受的压力和变数，是远远超过普通职工的。在良好的工作经验和社会实力基础上，他们有能力应付一些看起来"非常严重"的问题。就堪默先生而言，他是一名富裕的丹麦企业家，对于开拓市场来说，或许早已经是"多一个不多少一个不少"了。更重要的是，老板和职工之间的商贸经验是不同的，当吉冈幸夫认为稍微不能满足客户的要求就会影响到自身业绩的时候，堪默先生觉得这两件事并没有太多关系。

而且，人都是存在惰性的，在任何时候剥夺他人的休闲娱乐时间都会令对方不悦。尤其在部分北欧国家，由于经济发展程度较高，人们对于金钱的依赖性相对较低，所以就出现了很多即便加班费比薪酬高很多也没有人选择加班的现象。与此同时，很多管理者同样也是打工者，下属职员在周末汇报工作，会让他们更加反感和恐惧。

所以，一个更为合理的方案，其实就是在接到任务之前，先和领导确认好，发生哪些情况可以推迟汇报，而哪些情况又是必须马上电话沟通的。应用到吉冈幸夫身上，他其实应该在礼拜五下班之前，就对堪默先生做出请示，问清楚对方周末是否依然工作，对于同韩国代理商之间的会面，是否需要即刻汇报进展等等。假如在这一环节上大家都做到了提前沟通，那么堪默先生或许也就不会对一名辛勤劳动的下属发火了。

从一定程度上来说，利用周末或者其他休息时间汇报工作，是并不受领导者欢迎的。在面对可能会出现突发状况的工作内容，作为一线执行者，应该提前就"休息时间是否依然接听汇报"与领导达成一致意见。如果在工作当中频频出现周末请求指示或者凌晨两点去拨通领导电话的状况，那我们只能说，这一个工作团队当中上下两级的沟通是异常失败的了。

chapter 2

汇报前，先把工作做到位

　　想要让上级对你的汇报感到满意，就要做到在汇报工作的时候有内容、有重点。想要做到这些，你必须在汇报之前，把准备工作提前做到位。汇报内容是依据你的工作流程而定的，如果你连自己的工作都做不好，在汇报的时候自然没有功绩可讲。想要把工作做好，首先需要树立一个正确的工作观，做到干一行爱一行。有的时候，在你心中非常好的汇报不代表在上级心中也是一样的好。挑选一个上级领导喜欢的时机汇报工作，会大大增加你在他心中的好感，随之而来的就是他对你所汇报内容的肯定与认同。想要找到这样的时机并不难，只要摸透了他的性格，再针对他的性格特点，辅以科学的"心理周期图"，就一定能够找准最佳时间去汇报。只要做了对的事，选了对的汇报时间，相信你的汇报一定会赢得上级领导的欢心，从而让你乘上职场的"东风"，到达"扶摇直上九万里"的效果。

1. 明确工作职责，热爱自己的职业

只有明确地分工，才能高效地工作，才能保质保量地完成自己的工作，在向上级领导做汇报的时候才能有根据、有材料。所以说，在汇报之前就已经完成了自己的任务是做汇报的前提条件，如果你没有完成自己的任务就没有资格向领导做汇报，也没有内容可以汇报给领导。而保质保量完成任务的前提是我们明确地知道自己的工作职责，并且干一行爱一行，树立正确的工作观。可以说，这是做好任何一门工作的先决条件。

在你的身边，有一个真正从内心深处热爱自己本职工作的人吗？有一个每天辛苦地做着自己的工作还能够保持旺盛精力与积极态度的人吗？有一个即便做了千遍万遍但对自己的工作依然不感到厌倦还很认真负责的人吗？这样的人极少，大部分人对自己的工作都感到疲惫与厌倦，而且这种疲惫与厌倦已经从身体延伸到了心灵——一开始的工作热情已经被每天重复而循环的工作消磨殆尽，他们已经认定工作不过是为了填饱肚子、买上房子、维持家庭的一件不得已而为之的苦差事；他们已经丧失了工作的热情与完成任务时的成就感，再诱人的工作也不能使他们获得快感。

他们忘了工作是我们每一个人都要去履行的神圣使命。什么是使命？使命就是我们义不容辞地去履行的不可推卸的责任。而这种责任是高尚的，它妆点着我们无味的人生；这种责任是神圣的，它激励着我们低沉的心灵，让我们无趣的人生变得生动。

我们必须没有任何怨言地去欣然接受自己的工作，并且认真负责地去争取完满完成它。正如那句激励了很多人的话"既然选择了远方，就要风雨兼程"那样，既然主动选择了这份工作，你就要怀着满腔热情，带着饱满的敬业精神一丝不苟地完成它。

　　在微软总部流传着这样一个故事：曾经有一位负责微软卫生的清洁女工，她每天坚持第一个来到微软打扫卫生，等到工作人员都走了再最后打扫一遍。每天她都在极其认真地履行着她的职责，虽然在人才济济、精英荟萃的微软总部，清洁岗位不值一提。而最为关键的一点是，虽然每天做着刷、擦、洗这样重复而枯燥的工作，但是她一次都没有抱怨过，每天都笑脸迎人，认真地完成自己的工作。就这样，她用她饱满的热情与负责的态度感染着身边的每一位同事，并为整个办公大楼的人带来了快乐的情绪与昂扬的斗志。

　　很快，比尔·盖茨也知道了这位清洁女工，而且他也为这位女工所表现出来的热情与影响而感到诧异——一个微不足道的清洁女工，却能够给公司带来这样大的影响。带着这样的疑问，比尔·盖茨找到这位清洁女工并开口询问道："尊敬的女士，您能把您处于这样的职位却能够乐此不疲地、每天都尽职地完成自己工作的原因告诉我吗？"

汇报工作是门技术活儿

清洁女工自然而然地答道："每天为公司清洁与打扫就是我的工作、我的职责啊，虽然我不像我们公司的技术人员那样拥有专业的知识与技能，但是我对自己的工作还是感到非常满意的。我非常感恩微软能够给我这样一份工作让我拥有不菲的收入，正是这份收入使我能够支持我的女儿完成她的学业与追求。而我对微软最大的回报，就是尽我的所能，把一切本职工作做好，维持住这份美好。每每想到这里，我都会充满斗志与激情。"

比尔·盖茨被这位清洁女工身上自然而然流露出来的爱岗敬业精神深深地打动了，当场宣布将这位清洁女工升为微软的正式职员。面对周遭人员表露出的疑惑神情，比尔·盖茨给出了这样的回应："一个人只有真正地把自己的工作当成使命一样去热爱，才有可能把这份工作做到极致、做到最好。即便她现在还不具备像你们一样的专业技能，但只要她一直保持这样的精神，一直保持这样的责任感与使命感，我就有理由相信在不远的将来她不会比你们任何人做得差。"

只有带着巨大的责任感与使命感去工作，一个人才能够把工作做到尽善尽美。一个只知道不断推卸自己工作责任的人，同时也推卸了对他自己的责任。因为，当我们认真地、保质保量地完成了上级交代给我们的任务时，不仅对单位以及上级有了交代，增加了收益，最为关键的是也为自己争取到了尊重与机遇，而且在工作的过程中实现了自己的价值。这种价值是无法用金钱去衡量的，归根结底，最后的受益者还是我们自身。如果你对自己的工作不尽责，只会敷衍你的上级，最终侵害的还是自己的利益。

高度责任感与使命感的集中体现就是爱岗敬业。爱岗敬业的精神是责任感与使命感在工作中的延伸。每一个参加工作的人都必须具备爱岗敬业的精神，并且要在工作中发挥好这种精神。工作不仅仅只是为了谋生，它更是人们实现自身价值的手段。

虔诚地对待你的工作，把你的工作当成是一种义不容辞的使命，这会让你在工作中体会到前所未有的快乐与满足。我们每个人都希望自己的人生能够充满快乐与幸福，其实当你回头重新审视你的工作时，就会发现在不知不觉中你的工作已经带给了你很多感动，也教会了你许多为人处世的道理，无论是心酸、是感动、是奋斗、是成就都已在工作的过程中一一品尝过。这个世界上永远都不存在卑微的工作，只看工作的人是否存在卑微的态度。转变你的态度，赋予它足够的责任感与使命感，无论你身处何种岗位，都能从工作中获得快乐。

总之，只要我们用积极的心态与高度的热情投身于我们的工作，把"要我做"转换成为"我要做"，就一定能取得事半功倍的效果。而且，在工作的时候也能保持美好的心情，用这种美好的心情去工作的人，相信他的前途也会像他的心情一样变得无限美好。

2. 汇报前营造良好氛围，心情好才是真的好

汇报工作能否取得成功，关键的因素之一就是你在汇报工作时上级领导的心情如何。所谓"感时花溅泪，恨别鸟惊心"，什么样的心情自然会有什么样的思想状态。上级领导的心情好，自然会对你的汇报印象良好，你在他心中的印象也会大幅度地提升；如果上级领导心情不好，你又非要在"敏感时期"汇报工作，直直地撞到他的枪口上，那就不要惊诧自己为什么会成为炮灰了。所以一个聪明的、有经验的下属会选择在上级领导心情愉悦的时候前去汇报，而如果非常不讨巧地在上级领导心情不好的时候必须要做工作汇报，他们也会在汇报开始之前就营造出一个良好的能够正常沟通的氛围——只有先安抚好上级领导的心情，他才能在听完你的汇报之后转而照顾你的心情。

刚刚走马上任的销售部经理冯涛，为了在下属面前树立威信，也为了向上级领导显示自己的能力，实现自己"新官上任三把火"的愿望，在经过了翔实的市场调查以及下属之间激烈的论证之后，终于决定用一份扩大公司销售业务，增加公司产品在其他省市的占有率这样

一份计划书来实现自己的雄心壮志。而扩大销售，增加占有率必然要同时扩大生产，开发新的销售路线，所以想要将这份计划付诸实践，就需要公司投入很大的财力支持与人员配备。

冯涛也知道，以公司目前的运营情况以及规模水平，想要让自己的提案顺利通过只怕是痴心妄想，所以在汇报此事前，想好思路，讲究一定的策略还是非常有必要的。

无巧不成书，正当冯涛苦思冥想怎样才能说服总经理时，机会来了。总经理因为要到外省参加研讨会而出差了几天，回到公司的第二天，冯涛提出要为总经理接风洗尘，众位下属也积极响应，总经理于是很痛快地答应前去赴宴。

一到冯涛定好的地点，众人都愣住了，原来为总经理接风洗尘的地方只是一个众人从没有听过，更别提来过的风味小店。但来都来了，众人也只能落座，冯涛征询了一下大家对于吃食方面的忌讳，就很熟稔地开始点餐了。在等待食物上桌的这段时间里，冯涛谈笑风生地讲了几个趣闻，同事又都是男人，所以气氛很快就热烈了起来，众人都打开了话匣子，谈论起了当下的热点时事以及兴趣爱好。等到食物一上桌，众人品尝过后对食物也是赞不绝口，总经理更是为冯涛能够发现这样美味且便宜的小店而赞赏了他一番。众人"大碗喝酒，大口吃肉"，气氛好不热闹。趁着众人的兴致都非常高昂，冯涛向总经理提出了自己的计划，并一同献上了自己辛苦做出来的计划书，通过向总经理强调实施这个计划对公司未来发展的重要性以及必要性来打动他，而一同前去的同事也都是前期做过市场调研的工作人员，在此刻也都恰到好处地讲了自身调研时的经历及感受，同时对冯涛的提案表示支持与赞同。总经理看着准备充分、可行性很高的计划书，酒到酣处，当即表示了同意。

三天以后，公司召开董事会专门对冯经理的提案进行研究与讨论。经过讨论，冯涛的提案获得了通过。而经过此事，冯涛在公司的地位也得以稳固。

冯涛知道自己的提案对于公司来讲是很难通过的，可是他巧妙地在汇报之前营造了非常好的氛围，在总经理心情非常愉悦的情况下汇报工作，结果很容易就得到了总经理的认同。可以说，这就是冯涛有经验、有头脑的表现。

当人们身处在一个气氛非常热烈的环境中时，很容易被这种兴致所影响，这时候人们的心情很舒畅，而相应地，也就容易接纳，这大概可以理解为"气场的秘密"。

无疑，不是所有人都能够营造出这种良好的气氛。但大家在汇报工作时可借鉴以下几条秘诀：

（1）不要直奔主题。汇报之前，可以先讲一些轻松的话题来做开场白。这不仅仅是非常基本的礼节，更为重要的是在交谈中，可以借机观察上级的心情，稳定上级的心态情绪。如果一开始就进行汇报，可能会因为太过突然而出现逻辑不清、语言没有组织好的情况，而在前面铺垫的过程中，能够打好腹稿，并且理清汇报内容的大致脉络，这样在汇报的时候就不会出现上述问题了。

（2）在交谈过程中适度地赞美领导。人性之中最深切的渴望就是得到他人的赞美与认同，所以在与上级领导的交往沟通中，不要忘了去赞美他。这种赞美不是无意义的简单"拍马屁"，而是要找到上级领导身上切实的优点与闪光点，在适当的时候以真诚的态度对他进行赞美。

有一次，曾国藩召集幕僚们商讨要事。商讨结束时已经很晚，众人都没有吃饭，于是曾国藩吩咐下人去安排酒宴与众人一同享用。宴席上曾国藩与众人谈论天下英豪，说道："彭玉麟和李鸿章都是非常有才华的人，我与他们之间还有距离。"旁边一位幕僚此时逢迎道："你们三位各有各的优势，彭公人长得威猛，人们都不敢欺辱于他；李公人机敏精细，人们即便是想欺辱他都欺辱不成。"可是说到这里，他就再也说不下去了，曾国藩于是追问道："那我又如何？"众人都沉默着思考对答之法。

哑口无言之时，一位年轻的不起眼的幕僚突然说道："曾帅是仁德的人，人们都不忍心欺辱于你。"曾国藩哈哈大笑，众人才跟着连连称是。此后，这个年轻的幕僚被曾国藩看好并重用，在曾国藩升任两江总督后不久就提拔他担任了盐运使。

一句得体的赞美，能够让一个不引人注意的小人物平步青云，如果你也能够在不经意间对上级进行恰到好处的赞美，相信你也会如此一般扶摇直上。

（3）挑选一个黄金时刻与上级沟通。单位的工作比较顺利、某些方面取得进展及成功、节日前夕……这些时候，上级的心情都会比较放松、愉悦，如果选择在此刻与上级沟通，向上级表示恭喜与祝贺，借机提出自己的方案与问题，通过的概率往往就会增大。

3. 汇报前，带齐相关资料

汇报工作前，带好纸笔和相关资料能让你的汇报变得更高效。

罗娜刚刚入职时，没有工作经验，对于出版事业中的很多事情都处于一知半解的状态，而且她经常因为小错误不断被主编叫到办公室去接受他的批评与教导。她每次都会因为不带纸笔就慌慌张张地出现在主编面前而被他批评："纸也不带，笔也不带，我说的话你都能记住吗？"

罗娜与朋友谈起这个话题时，朋友对她说："你们主编算客气了，说得还算委婉。我们经理每次看到有人不带纸和笔就进他的办公室，直接就说：'挺轻松啊，两只胳膊夹着个脑袋就这样直接进来了？怎么，你是想坐在我的位置上给我训话吗？下次再不带纸和笔，就不用进来了。'你们主编不愧是文人，说话还真是委婉。"

后来她又陆续和几个朋友谈到了这点，最后得出了一条结论：就算各有各的上级，各有各的领导，但即便他们怎么变，性格怎么不一样，在这件事上的态度却出奇地一致——他们不喜欢下属不带纸和笔就贸然地进他们的办公室。所以，不论你从事哪个行业，不论你的工作内容是什么，也不论你遇到了什么样的上级，都应该带着纸和笔去向他汇报工作，这样在提高你汇报效率的同时，也美化了你在上级领导心中的形象。

也许你的心中会有不平，在开会、汇报工作时，同事们都拿着纸和笔，正襟危坐地听上级的讲话，但那都是假装的，其实他们根本就是在纸上随便写写画画，从没认真听上级说过话。但每次都认真倾听，并能够将上级的话一字不漏地背下来的你，就因为没带纸和笔每次都被上级领导点名批评，说你态度不积极，开会不认真。

你可能会产生这样的疑问：纸和笔真的那么有用吗？且不说能不能真的被用到，就说携带纸和笔的行为背后所代表的态度就已经显示出你很重视这个汇报、这场谈话、这次会议，有时候形式与态度就是要比内容重要，而这不过是带纸和笔的原因之一，还有很多你必须要带纸和笔再去敲上级办公室门的原因。

首先，带纸和笔去见上级是真的有用。上级要处理的事情很多，相应地他的时间就会很紧张，所以如果他传唤你，那必然是有事情要与你说，而不是简单地与你闲聊。见领导时带好纸和笔，你才能对领导说的重点予以记录。不论你的大脑是多么的聪慧，你的设备是多么的智能，但人总有疏忽的时候，你也不可能在领导讲话的时候拿出你的智能设备进行记录，所以还是遵循那句老话"好记性不如烂笔头"。拿出你的笔，将上级领导的要求与指示记下，对你以后的工作安排以及工作重点是很有益处的。

其次，带着纸和笔出现在上级领导面前是一种基本的礼仪。你仔细地阅读单位的规章制度，就会发现这一条规定。如果你什么都没带就出现在领导面前，是一种不谨慎的表现，也是不守规矩不懂礼仪的表现，连最起码的礼仪与规矩都没有的下属就是不合格的下属，即将被淘汰的下属。

最后，带着纸和笔也能在上级面前显示出你的认真态度。没错，即便纸和笔只是形式主义，但不可否认的是有时候态度就是需要借助外物才能传达出来，就像金钱也是一种表达浓情蜜意的手段，即便它听着很俗气。一样的道理，纸和笔不过是你展现你的态度的一种有力武器与有效形式。

带上纸和笔去向领导汇报工作，在做汇报的时候就能够针对自己的内容进行重点的备注，能够更准确地传达自己的意图，而且也能够在很大程度上避免遗漏状况的出现。而上级领导在听过你的汇报之后，必然会对你的汇报内容做出点评以及建议，此时将上级领导的话记下来，不仅能够对上级领导的指示有更加明确的认知，帮助自己改善汇报内容，还能通过此举显示出你对上级领导的尊重与重视。这种记录会向领导表明：你是对的，我在记录你的建议，并将根据你的建议进行提案及其他方面的修改。这在无形之中，给了上级领导一种他们是权威的潜在暗示，这样他们就会正视你的汇报，正视你的提案。

另外，在需要提供相关资料时，一定要记得带上，因为有些数据和内容不是语言能表达清楚的，领导在听取下属汇报工作时，对有些数据是一定要了解的，而一份数据清晰、内容翔实的资料，可以让领导快速、准确地了解相关问题，切实看到具体的内容，以便有针对性地提出自己的要求和建议。这样你的汇报才算更为完善。

所以，要带齐纸笔和相关资料再去向上级汇报工作，这样不仅能让自己的汇报更加出色、更加全面，还能在上级领导的心中美化自己的印象，增强自己的影响。

4. 哪些情况下必须向上级汇报工作

日常工作中你凡事都向上级领导汇报工作，他会认为你没有能力，而不向上级领导汇报工作，出了事情又是你的责任。想要不再纠结，就要对究竟哪些情况下必须向上级汇报工作有一个全面、具体的了解。通常，遇到以下情况必须要向上级汇报工作：

（1）做好工作计划后，要立即向上级汇报工作。汇报新的工作计划，可以让上级领导了解你接下来的工作内容以及工作重点，从而针对你的情况提出合理的、有针对性的建议。上级也会根据单位的具体情况审时度势地对你的工作内容做出调整与修改，从大局出发，切实地指出你在计划中所存在的问题，及时地发现你的误区，并指导你做出修改。这样就可以保证你接下来的工作内容与单位的发展方向是一致的，避免出现做无用功，费力不讨好的状况。

（2）当你的工作有了新的进展时，一定要向上级汇报。工作有了新进展，或者进行到了一定程度时，要通过汇报让上级对我们的工作了如指掌。其间遇到的问题或者取得的成果，都要让上级做到心中有数，这样上级才能对我们的工作提出下一步的指示，对我们工作中出现的困难与问题提供具体的援助。如果一切都等到最后工作结束时才向上级汇报，这期间如果工作顺利，没有给单位带来损失自然好，可一旦进展不顺出现了问题，上级就会由于你的汇报延误从而失去解决问题的主动权，无法立即采取弥补性的措施来挽救局面，这种情况下，你背负的责任就会很大。所以，当工作有了新的进展或者有突发性的事情发生时，一定要及时将其汇报给上级，从而使上级有应变突发状况的时间。

（3）当工作中出现失误或者意外情况时，要立即汇报，寻求上级的援助。能成为上级领导，自然要有相应的能力和储备，因此，很多对我们来说很难的事情或很重大的问题，也许汇报给上级领导之后就会变得不那么棘手。一般来说，以上级领导的能力和素质，他所掌握的人力、物力都是我们可望而不可即的，所以出现问题向上级求助并不丢人，也并不算你没有完成好上级交代下来的任务，这样做只会增加你的胜算，让你更为顺利地完成自己的任务。

（4）工作中出现超出自己权限的事情，需要上级领导统筹决策时，必须要向上级汇报。一方面通过此举向上级表明你对他的尊重，维护了他的权威；另一方面，也使自己免于承担过大的、没必要自己去承担的责任。很多时候，看似自己能够解决的问题恰恰是最容易出现失误的。也有很多人非常喜欢揣测上级的心理，觉得自己按照上级的喜好办事即可，没有必要去向上级汇报。但很多时候，你的直觉与揣测都是靠不住的，一旦出现了问题，会让自己深陷泥沼难以自救。尤其是在金钱与人事方面，擅自做主与轻易承诺都会让自己陷于非常尴尬的境地。

最近，某电视台经济部来了一位新记者，部长向大家隆重地介绍了她，并表示，由于她还是新人，所以请大家对她多多关照。大家口头称是，但都想着记者要凭能力说话，对她好不好，照顾不照顾就看她是否有想要做新闻的悟性与决心了。

很快，大家就对这个新来的记者表示了失望与鄙夷，因为她每天都迟到，并且在出任务时也表现得很不热衷，甚至关于采访以及编辑流程等方面的事情都还不是特别了解。这让经济部的资深记者胡明很是不满，恰巧，胡明的侄女今年刚大学毕业，而且学的也是新闻学，胡明就想着把自己的侄女安排到电视台，先在经济部实习一段时间。但部长突然安插进了这样一个新记者，使得胡明的计划落空了。这位新记者表现得好也就算了，可她明明就是来这里混日子的，于是胡明原本想要安排自家侄女进电视台实习的计划又重新被提上了日程。

又是一次新采访，胡明这个资深记者自然要带着新记者去进行采访，以便能够让新人迅速地了解这个行业。采访途中，新记者的漫不经心让要求较高的胡明非常窝火，但在众人面前他又不好发作，只得忍了下去。

回到台里，胡明要去编辑室对新闻进行编辑，可偏偏新记者又把拍摄的摄像带弄丢了，忍无可忍的胡明终于爆发了。二人大吵了一架，胡明怒气冲冲地说："我一定要把你调出去，你这样根本不配当记者。"而后，胡明给侄女打电话，通知侄女第二天来台里工作。

第二天，胡明的侄女来了，可一同出现在经济部办公室的还有台长，台长直接说："胡明，你不能这么做，哪个新记者都有犯错的时候，我们对新人要给予照顾，这个新人还要再观察一段时间，你先让你的侄女回去吧。"台长都发话了，无奈的胡明只得让侄女回家。

后来，胡明才从其他人口中知道，原来这个新记者是本地一个很有名的商人的女儿，经济部要采访很多本地商人、商会或者商业活动，有时候需要这个新记者的爸爸进行联系，台长怎么可能让他的女儿离职呢？就这样，新记者还是在经济部继续无所事事，胡明只能睁一只眼闭一只眼，而他侄女来台里实习的事情也就这样不了了之了。

胡明的例子为我们敲响了警钟，对于超出自己职权范围的事情，尤其是人事方面，如果没有把握，就不要轻易地许下承诺。一定要记住，工作中任何超出权限的决定，都要向上级请示、汇报，这样才能避免将自己置于尴尬的境地。

（5）工作结束时要及时向上级汇报。将其间的整个情况向上级做出有层次、有重点的汇报，让上级对你的工作成果做出判定，需要改进的地方他也会给你提示。如果你完成得很好，他会对你以后的工作更加放心。

5. 掌握汇报工作的时机

是不是每到周一，你就会感到烦闷异常，需要喝大量的咖啡来提神才能熬过这一天？这就是"星期一综合征"。工作中的每个人都会面临这种情况，在经历了两天的休息后，突然间又回到忙碌的工作状态，很多人都会觉得疲劳。不要以为只有下属才会出现这种症状，上级的精力也是有限的，所以他的情绪也和你一样像过山车似的周而复始地来回改变着。这也就提醒了众位，星期一是大多数人心情都不太舒坦的日子，如果你选择在这一天向上级汇报工作，就要小心了。

唐人是一家矿业公司的经理助理，上周四有领导来单位进行安全生产大检查，作为经理助理的唐人自然要陪同。专心地陪了领导两天，唐人感觉上级领导对单位的安全情况还是比较满意的，经理因此也很是高兴。见状，唐人向经理提出给单位相关的工作人员一些奖励，经理很痛快地就答应了。工作人员听到这个消息都很高兴，于是开心地等着单位发放福利。

当天下午，唐人的女儿因为高烧去了医院，而唐人也焦急地赶到了医院。经过周六、周日两天的治疗，他女儿的情况总算稳定了下

汇报工作是门技术活儿

来。周一唐人来到单位，同事们就打趣他，说唐人说话不算数，说好的福利连影子都没见到。唐人这才想起福利的事。向同事们解释了情况后，唐人就带着同事们满含期冀的目光敲响了经理办公室的门，可一进门，他就被办公室内呛人的烟味熏得咳了起来。经理皱着眉问他有什么事，唐人便把福利的事情说与经理，可周五还答应给相关下属发福利的经理却在此时不悦地说道："就这事？再说吧，还有事吗？没事出去。"

唐人只得从经理办公室灰溜溜地出来，面对众位同事期冀的目光他也只能无奈地耸耸肩。唐人将情况讲与同事们听，同事们对唐人表示了理解，并发表见解："经理的心情阴晴不定，总有那么几天不舒服，习惯了。"

可以说，除了个别素质极高的领导外，很多领导的心情都会有"不舒服的那么几天"。

加拿大心理学家德比，曾通过观察人们在一周之内的行为制作出了一张工作节律图，说明人的行为活动是有规律的，每周的前半部分，人们的精力会相对旺盛，行为上与态度上都会呈现出积极的状态，而在每周的后半部分，人们的精力逐渐被消磨殆尽，但这个时候的人们却更易通融。

人们普遍认为，周一是精神最不好的一天，情绪欠佳，而且会出现一定程度上的意志力消沉。因此，聪明的下属很少会在周一打扰自己的上司。

周一，事务不断，没有紧要的事情就不要打扰他。

日前，一份专门针对职场人而做的调查显示，有接近50%的人不愿意在星期一的时候被人无缘无故地打扰，一个有经验的销售人员更不会选择在这一天拜访客户，因为他知道肯定会碰一鼻子灰回来。一个有经验的下属也不会选择在这个时间去找上级汇报工作，因为他知道上级正在应付积累了两天的繁重而又杂乱的工作，没有多余的时间、旺盛的精力、悠闲的心情去听你细致地描述你的方案和计划，尤其是周一的早晨，你的上级可能正因为各种问题而焦头烂额，你的贸然出现只会让他失去理智。

周二，汇报的好时机，要抓牢。

汇报工作是门技术活儿

经过周一一整天的处理，许多事情已经被他处理得差不多了，纷杂的问题、积压的困难大多有了一些眉目，而且经过周一一整天的工作，上级已经从悠闲又美好的假期回归到了工作状态。此时松了一口气的领导，已经在心中盘算着本周的工作计划和安排，同时也会对上周的工作以及传达的命令到底完成到什么程度极为关心，如果此时向上级汇报工作，上级是非常愿意倾听的。加拿大心理学家德比的研究也表明，周二是一个人主导性、指挥性最高的时候，在这一天，人们的工作效率最高。《金融日报》也刊登文章称：周二上午十点到十二点是一周中人脑最好使的时间段。所以，无论从哪方面来看，周二都是一个下属向上级汇报工作、拟定计划的好时机。

周三，领导很烦，汇报时要多加注意。

悉尼大学的心理学家阿热力教授在《澳大利亚人报》上刊登过他的一篇研究，研究结果表明：周三一个人的情绪会处于最低点。阿热力教授共调查了近3500名群众，发现人们在周三的时候更容易对实际问题感到担忧。因为周三的时候，人们接收到了过多的消息，这容易让人们变得焦虑，对心理及精神上的刺激加重，负担相应地也会变大，所以人们在这一时期非常容易感到紧张与疲惫。如果你有什么情况必须要汇报给上级，就要注意在汇报期间思路清晰，不要让你的内容显得杂乱无章，而且态度要轻柔，以免使你的上级变得更加焦躁。

周四，黎明前的黑暗，此刻的他们非常容易妥协。

周四是黎明前的黑暗期，就像是经历了一整夜的黑暗，马上就要迎来黎明一样，只要过了这一时期，事情就会变得海阔天空起来。经过前三天高强度的工作之后，无论是下属还是上级，都变得身心俱疲，所以周四也成了一周之中效率最低的一天。同样因为身心俱疲，在这一天，如果你采取"敌退我追"的战略，向上级提出一些要求，上级会变得很好说话，即他向你妥协的可能性会加大。而如果你有什么错误向上级汇报，上级也会变得比以往更容易通融。

周五，属于"天时"，机不可失，时不再来。

周五的时候，如果你细心观察，就会发现自己在这一天的工作量与完成质量相较于前几天得到了一定程度的提升。那些在平日里看起来非常难办、非常棘手的事情在这一天都变得容易起来。而平日里不愿意加班的我们，在这一天会不由自主地多做很多事情，而在一切结束后，你还会发出"今天过得真快啊"的感慨。德比的研究也表明，在这一天，人们会更加喜欢对一些高风险的项目进行投资。

推己及人，这一天也是上级心情最好的一天，一周内的事情在这一天都有了一个了断，所以如果在这一天你去"纠缠"上级领导，会得到意想不到的效果，而且你提出的策划方案会很容易地被上级领导批准。所以说，这一天是一周里向上级汇报最省心、最省力的时间。

无论做什么，挑选一个好的时机都非常重要。《论语》研究者们发现，在《论语》全书中"时"字共出现过十次，而"时"被译为"恰当的时候"竟然高达八次，无论"时"是以名词还是动词的形式出现，都可翻译为"恰当的时候"。如孔子"不时不食"就译为不在不恰当的时候进食；公叔文子的"时然后言"则告诉人们要在适当的时候说话。这些"时"都被译为"恰当的时候"，而不是"时常"。可

‖汇报工作是门技术活儿

见，无论是说话还是办事，选择一个恰当的时机都是非常重要的。

一年前，市场部来了两个很漂亮的姑娘Amy和Sally，她们几乎同时入职做市场推广，但一年之后，Sally一跃成为市场部部长，受到了上级的赏识，成为了上级的左膀右臂，而Amy却还在市场部辛辛苦苦地继续做着她的市场推广，她时常觉得自己就像辛苦工作的老黄牛，最后在上级那里还得不到任何好处。Amy甚至觉得是上级领导偏心才让她和Sally之间的距离越来越远。

真的是上级偏心所致吗？

其实Amy与Sally在工作能力以及对重要问题的判断力方面是没有多大差距的，Amy提的一些意见也是非常有建设性的，问题的关键就在两人之间沟通技巧以及对汇报时机的选择上了。

Amy说："我对工作非常认真，每当遇到什么困难与问题我都会在第一时间向上级汇报，即便是在下班时间，我也会去报告，如果因为我汇报的时间晚了给公司带来损失，我可担当不起。"

但Sally却不是这样，虽然在出现问题之后她和Amy一样都非常着急，可是同事却看不到她着急的表情，她总是那样温文尔雅，甚至有时会选择晚一点再向上级汇报。相较于Amy即使过了下班时间上级已经一脚迈出公司门了还拉住他火急火燎地汇报相比，Sally看起来是那样的冷静、稳重。

Amy又说道："我观察Sally很久了，我觉得她一定与上级有什么猫腻，因为她总是喜欢在上午十点多的时候敲开上级办公室的门。"

其实，二人之所以会有不同的境遇，并非Amy所想的那样，而是因为Sally比Amy更懂得挑选向上级汇报工作的时机。

可见，想在汇报时不碰壁，想成为被上司欣赏的下属，不仅工作能力要强，知道什么时候是汇报工作的最好时机也至关重要。

chapter 3

→ 第三章
汇报时，巧妙应对各类领导

　　万事有序，汇报工作也是如此，也要遵循一定的程序。首先，一定要简明扼要突出重点，找准什么才是领导急切关注的核心话题；其次，假如汇报阐释出现了分歧，面对批评意见不要忙于辩解，耐心地将对方的指导建议听取完毕，再进行反思整理，这才是一名下属所应当具备的优秀品质；而对于上级领导的种种错误，直言不讳地指出并不是一个好办法，巧言进谏既能够维护对方的尊严，又展现出了下属端正的工作态度；此外，与领导交流时一定要懂得见机行事，学会迂回与维护，同时也要对自己的工作有信心。

　　实际上，在汇报工作时有很多门道。随着经验的增长，你会发现从材料设计到当面问答，从听取意见到坚守信心，如此这般看上去简单易行的行为准则，其实都隐藏着深刻的道理。

1. 简明扼要地汇报，抓住领导的关注点

话只有说到上级领导的心坎里，上级领导才会听，才会在你这里投注精力与注意力。向领导汇报工作时，如果你的汇报能做到简明扼要，并能抓住上级领导的关注点，你就能得到领导的认可。

对于美国商界来说，摩根是个传奇人物，他可以在最短的时间内搞定最难搞定的人。这种用时少但效率极高的工作作风使他成为了当之无愧的金融大王。对于时间，他恪守的原则非常让人痛恨，那是因为除了非常重要、非常特别的客户与事情，摩根与人的谈话都要"浓缩"在五分钟之内，这个原则被他恪守了一生。在他晚年的时候也是如此。他经常对周边的人说："用一分钟的时间我能够赚不低于20美金的钱，所以，如果不是重要的客户或者其他特殊的事情，任何人都不要妄图占用我过多的时间，与此相对的，我也不会占用他人过多的时间。"

很多人在与摩根交谈完毕后，都会承认摩根确实是节约时间方面的典范，但在节约时间的同时，摩根所提出的那些微小细节又让所有

人震惊。因为他能够准确地指出对方要找他交谈的目的，所以任何人都不要试图用拐弯抹角的方法来与他接洽——超出他的时间范围，你就再也没有和他交流的机会了。

众多上级其实与摩根的时间观念是不谋而合的。在他们的眼中，工作不是谈恋爱，反反复复地说甜言蜜语也不会感到腻；工作不是听相声，越是插科打诨越令人捧腹；工作也不是公园里大爷大妈们闲聊，想起一句说一句，想不起来沉默也无所谓。职场上，上级领导们讲究的是效率！

工作中需要不断地沟通，如今人们正在被大量的前所未有的信息和语言所包围，如果一个人不能在众多信息之中做出取舍，那么他的大脑就会被这些信息填满，出现一定程度的混乱。就像电视节目广告太多，我们只花费1秒钟的时间就换到其他卫视；翻看一本书，如果在三行之内找不到亮点，我们马上就会把它扔到一边。无疑，上级领导听我们汇报工作也是一样——在前三句中他就已经能够判断我们的汇报是否简明扼要，是否有继续听下去的必要了。向上级汇报工作时，用最短的时间把最有价值、最有用处的信息传达出去，抓住上级领导的关注点，才是你得到领导瞩目，在众多下属中胜出的根本。所以，在汇报工作时尽量不要使用拖沓的语言。

石磊只用了三年的时间就成功地从秘书升级到秘书长的位置，上级领导视察的时候，所有的汇报都要经由他的把关与修改，而经过他把关与修改的汇报材料确实也起到了很好的效果。所以，每次视察结

汇报工作是门技术活儿

束之后上级对他们的工作都感到很满意，甚至很赞赏。

有位秘书把自己之前的汇报与石磊修改之后的汇报做了对比，他发现，王磊把自己的汇报浓缩了近70%。也就是说，如果他的汇报有5000字，那么经由王磊修改，就只剩下1500字了。其中被删去的话语都是拖沓的开场白或者无用的赞美性语句，最后这1500字有35%的内容是表明上一阶段工作的成绩，15%的内容是指出工作中出现的失误及困难，45%的内容是针对出现的问题做出的分析以及解决方案，剩下5%则是开场与结束语。这样的比例分配，能够让上级领导明确地知道工作中的大概情况，还不用浪费他过多的时间，上级当然喜欢。

此后，这位秘书也逐步删掉了自己汇报材料中多余的话，转而将自己的汇报变得简洁有力起来。两年以后，王磊升迁，这位秘书便被任命为新的秘书长。

将自己的汇报做得简明扼要，其实不难。日本沟通大师斋藤孝曾做过这样的实验：他把学生分为两组，让这两组学生看同一篇文章，然后，他规定第一组学生在一分钟之内就向他讲清楚文章的重点与内涵，而将第二组学生的时间延长至三分钟。最后的结果表明，第一组学生都在一分钟左右的时间内用非常简明的话语将文章的内容与中心思想讲了出来；而第二组学生却花费了将近两分钟的时间进行无谓的重复，最后讲完故事的内容与中心思想大多已经超出了三分钟。第二组学生花费了第一组学生三倍的时间，但最后讲解的结果明显不如第一组学生精炼得当。

　　所以想要提高自己的汇报能力，就要提高自己对于时间上的掌控能力，尽量将自己的汇报进行浓缩，如果能够在一分钟之内解决就不要拖延到三分钟。久而久之，你的汇报一定会变得既简洁，又能成功地抓住上级的关注点，从而使上级认可你的能力。

2. 上级出现错误时，要学会巧妙地进谏

《红楼梦》中的焦大，仗着自己是老太爷的奴仆，说话毫不顾忌。有一回，贾蓉送王熙凤和宝玉从宁国府出来，正碰上焦大撒酒疯，口无遮拦地说着一些宁府中无法上台面的事。虽然他说的都是事实，但王熙凤作为主子如何能接受那些不堪入耳的话？因此，她让贾蓉找人将焦大捆了起来。

在焦大看来自己是为贾家的兴衰着想，所以才会提出中肯的意见。可是因为他的讲话方式和言辞，让主子无法接受，所以必会遭到惩戒。由此可见，下属想要向自己的领导提意见，一定要寻求一个好的方式。

上级也会犯错，会因为误会而责难下属。下属的工作热情在被屡次打击后会磨灭，即便有再好的脾气也会被屡次的误会耗尽。如果你的上司恰好脾气暴躁，人又霸道，而你对上司又已经达到忍无可忍时，一方面想指出他的错误，打击一下他的傲慢和盛气凌人，另一方面又不想因为一时意气而失去职位，此时处于两难的你想要解决这个矛盾，就应该巧妙地向上级进谏。

春秋时期，晋灵公即位。晋灵公不行君道，大兴土木来为自己修筑楼台和宫殿，供自己与妃嫔们享受，甚至专门为他的狗也建造了宫室。有一次，他竟然挖空心思要建造一个高达九层的楼台。以现在的建筑水平来说，九层的楼台确实不算什么，而在当时，想要把这个九层的楼台建成，晋国的国库就会空空如也。但晋灵公还是不顾众位臣子的劝阻，极力想要将自己的理想变为现实。他不顾一切，招揽了大量的民夫，投入了巨额的金钱，即便如此，几年过去了，这个楼台依旧没建起来。虽然全国上下，无人不对此怨声载道，但迫于晋灵公的淫威，所有人都敢怒不敢言，因为晋灵公曾明确地下达过命令："有谁敢对我建造九层楼台有劝阻之意，我就杀死他！"这样一来，自然无人敢阻。

有一天，大夫荀息前来求见晋灵公。晋灵公料定了荀息是来劝谏自己的，就搭上弓箭，准备在荀息开口劝诫自己的那一瞬间将荀息射死。可令他大感意外的是荀息对他的举动熟视无睹，竟然大摇大摆地走了进来，还笑嘻嘻地对他说道："我今天是特意来给您表演一个绝技的，保证让国君您大开眼界，可惜国君您对此不感兴趣，还要拿箭射死我。"

晋灵公一听有好玩的，立刻就来了精神，忙把箭放下问道："什么绝技快展示给我瞧瞧，我还以为你是来劝我不要再建九层楼台的呢。"荀息一看晋灵公已经对此产生了浓厚的兴趣便接着说道："我能把12个棋子摞起来，并且还能在上面放9个鸡蛋。"这时不论是晋灵公还是其他的奴仆都已经对此好奇不已了，于是荀息把12个棋子一枚一枚地摆好，接下来他就准备在上面放鸡蛋。

此时众人都紧张异常。晋灵公受不了这么紧张的氛围忙说道："这不行，这不行，太危险了。"荀息一听晋灵公这样说，便抓住这个机会对晋灵公说："国君，请不要这么少见多怪，还有比这更危险的事情呢！"

晋灵公觉得在棋子上面摆放鸡蛋已经够刺激了，想不到还有比这更惊险的事，于是他迫不及待地要求荀息将更危险的事展露给自己看。可是，这时的荀息却愁眉苦脸地说道："国君您花费了三年时间建造九层楼台，直到现在还没有完工，这三年里，我们晋国的男子只能搬运石块而不能在田里耕种，我们晋国的女人只能搬运木材而不能在家里纺织，国库的银子也因为要建造九层楼台而快花光了，士兵们得不到给养，想要购买武器却没有足够的钱，即便有钱购买，所有的人也都在建筑九层楼台，根本没有人来铸造兵器，邻国听说了我们的情况，就要发兵攻打我们了。我们的国家就要灭亡了，而到那时，国君您也将有性命之忧，难道这还不可怕吗？"

晋灵公一听，顿时吓得冷汗都冒出来了，此刻他终于认识到了自己之前的做法是多么的荒唐，于是他立即传下了停止继续建造九层楼台的命令。

如果荀息没有用如此巧妙的方式进谏，恐怕他早已在张嘴的瞬间就被晋灵公一箭射死了。由此可见，进谏的方式和时机是多么的重要。

在职场中，你的上司就相当于你的君主，如果他出现错误，你没有提出意见或者建议来制止或者提醒他，那么无论是你还是上司都会面临风险，因为你与上司之间的关系是紧密相连的，是一荣俱荣一损俱损的。而在进谏的时候，有些性格非常耿直的下属会选择直言相劝，不得不说这是非常愚蠢的做法，费力而又不讨好。而善于变通的下属就知道用"曲线救国"的方式，采取迂回战术，小心又灵活地向上级进谏，这样不仅能够得到他们最后想要的结果，还能让上司感恩于自己。

作为下属想让自己的忠言不逆耳，就要在进谏的时候重视以下几点：

（1）要体现出为上司着想的态度。想要让忠言不逆耳就要把忠言变成"衷言"，让上司感受到你对他由衷地发自肺腑地关心。说到底，给上司提建议是出于对上司、组织、单位整体利益的考虑，最根本的出发点也是如此，所以一定要让上司感受到这一点。这就要求你在进谏时态度诚恳；用词不能太过激烈，以免冲突扩大与上司产生矛盾；但也不必太委婉，否则，上司会认为你是在对他进行说教或者在惺惺作态。

魏征是出名的"谏官"，屡次向唐太宗直言进谏。心胸再宽广的皇帝，面对自己的权威屡次被冒犯也会恼怒。有一次，魏征在朝堂之上又慷慨陈词了一番，搞得唐太宗很是下不来台，气得唐太宗扬言要杀了魏征泄恨。长孙皇后听说了这个消息后十分焦急，但唐太宗此刻正在气头上，如果用批评的语气劝说唐太宗，不仅说服不了他，反而会让事情变得更加糟糕，于是，机敏而又聪慧的长孙皇后就用和善的语气说道："自古以来，只有君主贤明，臣子们才敢于进谏，敢于向君主直抒胸臆。如今魏征敢如此地直言进谏，都是因为您是一位贤德的皇帝，而如果您现在把魏征杀掉，还有谁敢继续向您提建议呢？没有了众人之力，国家也不会长治久安，国民就要身处水深火热之中了。"唐太宗闻言后，静下心来思索了一番，就此打消了除去魏征的想法，转而变得对他尊重、恭敬起来，而唐朝也在唐太宗与众位大臣的齐力建设下，迈入了鼎盛时期。

其实，长孙皇后不过是站在了家人甚至民众的角度，真诚地向唐太宗提出了自己的看法与见解，是为唐太宗和国家着想。以唐太宗的贤明，自然能够听出长孙皇后口中的关切之意，所以他也就很容易地接受了长孙皇后的建议，而没有做出让他后悔莫及的事。

（2）进谏要选择好时机。只有选择好时机你的进谏才能收获你想要的结果。在向上司进谏时，最好选择一对一的方式，不要在众人面前直接向他提出忠告，一旦你这样做了，他的自尊心以及权威就会受到挑战，从而对你产生抵触的情绪。

（3）千万要谨记的一点就是不要用比较的方式提出建议。因为比较就意味着高低，你提出建议时不要用别人的长来比上司的短，这样做的直接后果就是使上级的自尊心受到极大的伤害，而你也将面临着

"穿小鞋"的危险。

给上司提建议是一件非常讲究技巧的事情，如果你的说话方式或者时机、场合把握得不好，很可能会产生反效果，使自己陷于不利的局面中。

3. 遭遇批评时不要急着辩解

如果你因为错误而被上级领导批评，千万不要急着为自己辩解，那只会是在已经很被动的局面上雪上加霜，使你所处的情况更糟糕。

当人们被批评的时候，会本能地处于防备状态，在这种状态下延伸出来的行为自然是马上为自己辩解，不管是否认识到自己的错误，都会在第一时间选择为自己开脱，因被误会而被上级批评时，这种心理尤为强烈，有一些不能很好地控制自己情绪的下属甚至会直接反驳、顶撞上级。这无疑是一种非常愚蠢的行为。

无论被领导批评时你有错没错，都不要急着为自己开脱、辩解，因为此时，领导或许正处于非理性的狂怒期，对你"咆哮"也就情有可原了。如果你在非理性的上级面前继续为自己辩解，那么你所有的解释都将被他们视为一种挑衅，一种反抗。我们都知道，处于狂怒期的"狮子"在面对挑衅时的反应——更加狂躁。此时你的所有辩解语言和行为只会引发上级进一步的反感，甚至加深对你的误解，从而使你所处的情况更加糟糕。

展鹏与向东同属一项部门，有一次他们的部长给他们两个分派了一项任务，但部长在布置任务的时候并没有对时间方面提出过多的要求。几天过后，部长将二人叫到办公室询问他们的任务完成情况。当部长从二人口中得知任务还没有完成时顿时十分恼怒，对他们进行了非常严厉的批评："办事这么没有效率，你们到底有没有把心思放在工作上面？"

向东感到非常委屈，便出言争辩道："我们已经很努力了，没有像您说的那样无所事事，而且您在安排工作的时候并没有说什么时候要完成。"部长顿时哑口无言，只能愣愣地看着他。旁边的展鹏一看事态不好便赶紧说道："是我们的错，没有及时询问您任务的完成期限，我们会加班加点尽快完成任务，请您放心。"

二人面对部长的批评所表现出来的态度截然不同，这给他们的事业带来了不同的影响。展鹏从此后经常被部长委以重任，一年后就升任某部门的主管，而向东却很少再被部长眷顾。

实际上，在上级领导批评你之后，他们只愿意看到你能够承认自己的错误而不愿意听到你的任何辩解，因为你在为自己辩解的同时也是对上级的一种否定。所以面对上级领导的批评时，不要急着解释，这解决不了任何问题。此时你需要做的就是接受批评，深刻反省。

首先，要真诚地说对不起。

被上级领导批评时，不管你是对是错，也不管责任是否在你，你首先要做的都是向上级道歉——一句道歉的话语就像一种软化剂，可以很好地缓解上级恼怒的心情，给双方留下缓冲的时间，让你们之间有后路可退。要知道，有时候以退为进的方法还是很有效的，而用这种"退一步海阔天空"的方式处理问题，也会让双方以后的沟通更容易一些。

其次，你需要向上级说"这是我的错"。

哪怕我们只需要承担百分之一的责任，面对上级领导的批评也要诚恳地说："是我的错。"

而如果我们确实没有做错，不需要为此承担半点责任，面对上级的指责也要说一句："您说得对。"

此时，你大可将上级领导的话忽略掉，而不是统统放在心里给自己添堵。从某方面来说，上级领导也是普通人，也会犯错，这个时候就需要你用一颗包容的心去谅解他。如果认为有必要向上级阐明你的看法及观点，可以在事后找一个恰当的机会再说明一下当时的情况，而不是马上提出异议。作为一个合格的下属，不能因为上级有冤枉你、指责你的行为就对上级产生抵触甚至怨恨的情绪，因为你的反驳就是在指责上级："你错了！"试想我们连上级的批评都忍受不了，上级又如何能忍受得了我们的指责。

最后，对自己的行为和错误做出反省，并及时与上级沟通。

每一个被批评的下属都多多少少会有一点小情绪、小不甘，但同时你要明白，没有哪个上级会无缘无故地批评自己的下属，即使是那些在下属看来近乎无理取闹的"找茬"也是如此。所以，在遭受批评时，埋怨上级还不如反思自己为什么会被上级批评，自己有什么做得不够好的地方，今后要如何做才能避免此类情况的再次出现，等等。

如果能将自己的反省结果和上级交流一下，让上级知道你已经认真地听从了他的批评与建议会更好——这利于你们以后的合作。

松下幸之助有一个非常得力的助手，但得力不代表这个助手就不会犯错。有一次，助手犯了一个很小的错误，引起了松下幸之助很大的不快，以至于助手一进松下幸之助的办公室，他就气急败坏地拿起身边的火钳用力地敲打起桌子来，同时对助手大发雷霆。助手被他骂得狗血淋头。骂完之后，助手正悻悻地准备回去，就听见松下幸之助再次开口说道："等一下，我的火钳因为刚才太用力敲打桌子弄弯了，麻烦你再帮我把它弄直吧。"

助手无奈，只得拿起火钳也狠命地敲打起来，而在敲敲打打中，助手的心情也恢复了平静，当他把敲得笔直的火钳交给松下幸之助时，松下高兴地笑了，直夸助手做得不错。

在助手离开之后，松下也察觉到了自己确实有些过分，因为一点小错就这样责骂自己的左膀右臂，所以他拨通了助手妻子的电话，并嘱咐她："今天你的丈夫回家后心情可能会不太好，你要多多照顾他一下。"

就这样，一场风波就此过去了。

其实，上级也不愿意批评下属。而你在被上级批评时如果能给上级一点缓冲的余地和思考的时间，他自然会对自己的行为感到一丝愧疚，并主动与你"冰释前嫌"。如果你一味地反驳他，无异于火上

汇报工作是门技术活儿

浇油。

　　事实上，很多时候，上级对下属的批评是有道理的。可被批评总不是一件令人舒服的事情，因此，被批评的下属不管是否认识到自己的错误，都会为自己辩解一番。但可以肯定的是，一个内心成熟的人，必然是一个勇于接受批评的人。正因为这样，他才能不断完善自己，使自己变得更优秀。而能成为领导的人，自然也有他的过人之处，所以诚恳地接受他的批评，也可以说是一次学习的机会。如果下属在聆听上级批评时，能够认真反思自己的错误，总结教训，在上级的经验之谈和智慧的引领下，对事情有了更高一层的理解，那么自己就进步了。如果对上级的批评置若罔闻，甚至辩解、抱怨、推诿，怀着抵触情绪，不仅从上级那里学不到任何东西，还可能让上级对你产生不良的印象，有碍于自己的事业发展。

4. 领会领导的肢体语言

　　汇报不是一味地说，在你滔滔不绝地汇报时还要仔细观察上级领导肢体语言的变化，由此推测出上级的心情和对你所做汇报的看法与感受，根据上级的肢体变化做到见机行事。

　　詹姆斯·塔拉法尔在胡佛时期担任过CIA基层特工，当时领导CIA工作的是理查德·赫尔姆斯。

　　1967年，刚刚从墨西哥执行完任务的塔拉法尔随几名老探员回到了华盛顿，在这里，他们需要向赫尔姆斯汇报自己的工作。按照当时的计划，塔拉法尔和一名叫拉蒙·辛多斯的同事一起去见赫尔姆斯，另外3名工作人员需要将搜集到的信息材料交给直属主管备份待查。

　　就在两人还没有踏入局长办公室的时候，在大厅的外面，偶遇就发生了——当时埃德加·胡佛亲临CIA办公楼，赫尔姆斯此时正在与他对话，两人站在办公楼的大厅里窃窃私语。看得出，气氛有点紧张。从站立的位置来说，赫尔姆斯正好背对着大门口，看不见从身后过来的工作人员。但似乎是直觉一般，就在塔拉法尔和辛多斯向这里走来的时候，赫尔姆斯扭过身子向大门口看了一眼，接着大家就都互

汇报工作是门技术活儿

相看见了。

作为下属，辛多斯马上向两位领导问好。赫尔姆斯说道："刚回来吗？辛苦你们了。"说这句话的时候，赫尔姆斯拧着身子，只是上半身回转过来对着两名下属说话，两脚脚尖依然指向胡佛局长，丝毫没有挪动。说完这句话，赫尔姆斯又转了回去，继续同一脸严肃的胡佛谈话。

听到领导的问候，塔拉法尔挥舞了一下手臂，快步小跑着想要走过去，向赫尔姆斯汇报一下自己在墨西哥的工作情况。这个时候，辛多斯伸出胳膊拦住了塔拉法尔，并且很有礼貌地对当时全美最具权势的两位局长点了点头，然后拽着塔拉法尔快步离开了。

事实证明，塔拉法尔没有在这个时候赶上前去向赫尔姆斯汇报工作是非常正确的。因为当天胡佛局长到来之后，与赫尔姆斯之间的沟通非常糟糕。而当时正值胡佛在美国一手遮天，所以即便是面对种种不友好的询问和诘难，赫尔姆斯还是不得不恭恭敬敬地站着，保持着并不平等的交流。在这样一种赫尔姆斯敢怒不敢言的情况下，任何纠缠不休的下属或许都会受到严厉的批评。

而与塔拉法尔这样缺乏经验的新人不同的是，辛多斯机警地发觉了领导并不希望外界打扰的信号。他告诉塔拉法尔说："请记住，当你发现两人在谈话，前去同他们打招呼的时候，如果对方是欢迎你介入交谈的，就会把身子转向你，并且会向你走过来；假如对方只是回过头应了一声，又继续转回身，脚底下根本动也没动，那就说明对方是不欢迎你的，刚才的赫尔姆斯先生就是这样。"

这则故事说明，想要在上级领导面前表现得好，表现得充满智慧，就要棋快一招，领先一步分析出上级领导的意图。

每一个点头、摇头，每一次招手、摆手，每一次微弱地扬眉与耸肩，都隐藏着大含义，而当你和领导面对面时，他的一个无心眼神，可能就显示着他想结束这场谈话了，如果这个时候你能够主动地找借口离开，领导一定会觉得你善解人意，格外贴心；他的一个无心皱眉，可能就表示着他对你的言行略有不满，如果这个时候你对自己的模式做出调整，领导一定会觉得你"孺子可教"，充满灵性。

当我们看上级的内心时，会觉得他是一本深奥的哲学书，让人理解又让人迷惑，但当你开始观察他的行为时，他就会变成一本好读的漫画书，所表达出来的情感是那么浅显易懂。所以想要在工作中出奇制胜，就要对上级领导的肢体语言进行观察并解读。

当上级的身体前倾，两只手的指尖相对形成状似尖塔形的手势，并且将手放在颏下或者触摸嘴唇时，就意味着他对目前的事物持有绝对的掌控权，对一切都了然于胸，并且很有自信。这个动作是领导面对下属或者律师在约见客户时的一个招牌式动作。据研究者调查统计，超过30%的领导在和下属沟通时，都以这个动作为开场。这个尖塔式动作能够充分表明他的主导地位，其中所表达出来的潜台词就是：你是下属，我是领导，决策权在我手上，你得听我的！

尖塔式手势其实来源于祈祷手势，当人们做这个动作的时候，其实在潜意识当中他们已经把自己当成了上帝。所以，面对上级所做出的尖塔式手势，你千万不要模仿，也不能用相同的手势回应他，这会刺激到他的权威地位，让他感到你目无尊长，自鸣得意。此刻的你应该用微笑和不断地点头表示你在认真聆听，并且对他的言论进行附和，以此来表示你充分尊重他的领导地位并与他站在同一个立场上。

当上级的身体出现倾斜，同时减慢了自己的语速，并把一只手放在桌面上，双眼直视你的眼睛或嘴巴时，就是在向你表明：我说完了，现在到了你发表意见和看法的时候了。

当上级做出这个动作时，就说明他对你接下来谈论的内容是有足够的耐心倾听下去的，如果你想表达自己不同的看法或意见，此刻就是好时机。

如果你的上级是位男性，当他对你的谈话内容有兴趣、被吸引时会轻轻地对搓双手(这是一种赞同的动作)。而如果是女领导，当她听到你的谈话内容后频频点头时，就表明她对你的汇报非常满意。这种动作所展现的潜台词就是：很好，继续，不要停。

值得注意的是，上级擦掌或是对你的工作表达赞赏与肯定时，你千万不要因此而得意忘形，变得夸夸其谈起来，上级越是认同你，你就越应该斟酌自己的用词，保持谦虚和善的态度，争取给上级留下办事稳妥可信赖的印象。

当上级对你的言辞表示怀疑时，即便他没当场提出，一些小动作也已经表现出了他的情绪，那就是用手摸耳朵，或者摸接近耳朵的颧骨与脸颊，眼神也会左右游移，甚至会眯着眼睛思考(这些都表示他对你有所怀疑)。这是一种试图通过触摸皮肤或者转移注意力来缓解不快情绪的方式。所表达出来的潜台词就是：是吗？果真如此么？为什么我不知道。

看到这些动作就要注意了，想一想你所汇报的消息是不是属于不确定的范畴，你所汇报的事是不是影响到了上级的心情。如果你能够保证自己的消息是准确的，就可以在描述的时候，将手十指交叉放在桌上（这是一种表达自信的姿势），面带微笑，向上级暗示这个消息是准确真实的，而如果你对所汇报内容到底是否准确同样不确定的话，最好迅速转移话题，或者对上级说你还要再想想这个问题，等考证过后再汇报。

当上级在你汇报途中做出食指竖起紧挨脸颊，同时用大拇指托着下巴的动作时，就表示他对你的汇报已经感到厌烦了。如果你再说下去，上级可能就会揉眼睛了，千万不要以为这是他对你的汇报入迷的表现，此时的他做出这样的动作就意味着他快睡着了。潜台词就是：快结束吧，我的时间是很宝贵的。

出现这样的情况，你要快速地思索这次汇报的重点到底是什么，把还没有说的重点快速说出来，在原来的基础上，提升你的语速，让上级知道你已经在尽量缩短汇报时间了。如果你手中还有其他文件，最好能够尽快地递给上级——动作的变化可能会影响他心态的变化。

当你的上级上臂环抱，并且把身体靠后拉开你们之间的距离时，就意味着你要马上结束这场汇报了。因为双臂环抱是一种本能地试图保护自己的姿势，当这个动作出现时，就说明他对你已经产生了抵触情绪。所表现出来的潜台词就是：我很烦，你快点讲完快点离开，否则我就要赶人了。

此时的你也应该把身体后仰，让上级知道你同样没有久留的意思，然后在最短的时间内结束这场汇报，不论你是否还有重点没有阐述，也不要妄图用最后几秒钟将它说清楚，因为此刻，你的上级已经完全没有心情听你继续汇报了。如果实在还有没说完的事情，那就留在下次说吧。

最后还要提醒各位，在分析上级的肢体语言时，不仅要分析"现在进行时"的动作，还要对"过去时"的动作进行分析，加以参考，以避免出现自己的分析与上级的想法背道而驰的情况。

5. 透过领导的眼神读懂领导的真正意图

很多下属面对讳莫如深的上级领导都会产生一种力不从心的感觉，其实，如果你无法从领导的口中知晓他的真正意图，那么就从他的眼神当中寻找真相吧，因为眼睛是最容易暴露情绪的器官。

有这样一句老话：当你爬进一户人家的窗台时，就会对这间屋子里面的情形一清二楚；而当你真正看懂一个人的眼色时，就能对其心理状况了如指掌。人们的内心深处究竟存在着哪些欲望和需求，都能从眼神中找到答案，无论是眼神的移动方向还是瞳孔的大小变化，都能在一定程度上反映出人们的内心变化。

有专家曾专门针对人的瞳孔进行过研究。研究表明：当瞳孔缩小时，表示他们反感或仇恨此刻的情形，此时你甚至能从他们的目光中看到凶意；而当一个人的瞳孔放大时，就表示他认同并喜欢此刻的情形，对此刻的情形抱有极大的兴趣。透过人们的目光，我们不仅能够知晓谁是上级，谁是下属，看出双方之间的权力与依赖关系，还能够看到一个人眼中的欢喜与忧愁。总之，只要你细心观察，就能从一个人的眼神中获悉他此刻的情绪状态。

在向上级领导汇报工作时，如果他不看你，你就要小心了——他

汇报工作是门技术活儿

在试图通过漠视你的存在来处罚你。这种情况并不少见，多发生在我们犯错以后。

郑旭是一个广告公司的策划人员，临近年底，公司的任务量剧增，导致下属异常忙碌，而郑旭也投入到了这场没有硝烟的战争当中，总是加班加点地工作。周一早上，秘书通知所有下属：经理要召开紧急会议，大家都把手头上的工作放一放，先去开会吧。

会议室内，经理对每一个进去的下属都点头致意，唯独到了郑旭这里，经理却低头看材料，对郑旭不屑一顾的样子。看到经理这个样子，郑旭心知不妙，于是不断地回想自己哪里做错了，但迟迟没有头绪。此时，经理发话了，但他只针对目前的情况提出两个问题后又回归沉默，下属们都感到紧张万分。直到五分钟以后，经理才将尖锐的目光射向郑旭，并严厉地喊道："我要对你提出非常严厉的批评，你知道你昨天负责的策划是哪家公司的吗？回答我。"郑旭准确地回答过后，经理愤怒地说："你还在策划书上写错人家的名字？你是不重视还是不想干了？你知道人家公司今天发传真过来说我们什么吗？说对我们公司的能力表示怀疑！"

郑旭仅仅通过经理的眼神就知道自己闯下了大祸，同样地，我们也能从上级领导的眼神中判断出自己在他们心目中的形象：当上级领导拒绝和你对视时，就意味着情况很糟糕，你将被他严厉地批评；当上级领导由上到下地扫视了你一遍时，表明他目前处于优势地位，而且很自负；当上级领导盯着你看，很久都没有移动视线时，说明此刻你需要说更多的话，透露出更多的信息；当上级领导友好、坦率，甚至眨动眼睛看着你时，说明他在对你表示同情，对你有较高的评价或者是他想要说点什么鼓励你一下，甚至可能做了什么不对的事情在请求你的原谅；当上级领导用锐利的目光一动不动地盯着你时，他是在向你彰显他的权力和主动地位；当上级领导只是偶尔扫你一眼，并且出现多次和你对视又马上转移视线的情况，这说明他对你此时的能力表示怀疑，对你缺乏信心。

在向上级汇报工作时，我们可以通过上级眼神中不自觉地透露出的这些信息来调整自己的言行，使自己的汇报尽量符合领导的心意。美国百万圆桌协会会员齐格·齐格勒是世上首屈一指的销售大王，他曾经说过这样的话："当你拜访的客户睡眼蒙眬、神志不清时，你就应该礼貌地告辞，有机会时再来拜访；当你的客户在与你洽谈的过程中，眼神中透出不耐烦的情绪时，你就应该停下你没完没了的谈话转而征询他的意见；当你的某一句无心的话影响到了对方的好情绪时，对方就会皱紧眉头，这个时候，你就应该尽快不动声色地转移话题，以免对方将这种不愉快爆发出来。"

他还针对人们的眼神变化做出过这样的总结：

当对方听到你的话后闭上眼睛或者用手遮住眼睛时，表明在他的潜意识当中对刚刚的内容是不满意，甚至是厌恶的，他试图通过这个动作来抵挡他不想听到的内容。就像一个被上级领导要求周末上班的人，口头上说的是"愿意"，但他闭上的眼睛表明的则是他对此消息的厌烦，而他的真实感受是——我一点也不开心。

当对方听到你的话后做出眯眼的动作时，那么他此刻大约是对你所说的话有所怀疑，没有理解你的意思，甚至对你的观点表示不赞同，此时你需要对你的话进行强调和重复来让对方相信，直至认同。

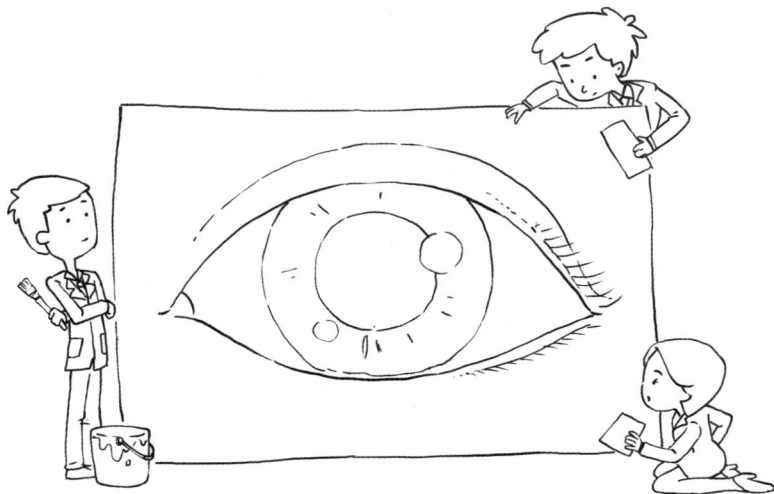

人们的眼睛很少会撒谎，它们透露出了人们最根本的想法，反映出了人们情绪中最细微的差别，表达了人们对于某一事物的喜恶、支持或反对、认同或不信任。哪怕一句话也没有说，人们的眼睛中也具备着安抚、判断、吸引的能力。优秀的下属会察言观色，他们懂得根据上级领导眼神中的变化来调整自己的言行，让领导的怒火迅速平息，让领导的怀疑彻底消失。只要你注意观察上级领导的眼神变化，就能够准确地判断出他此刻的心情，由此来调整自己的言行，达成自己的目的。

但要提醒众位：观察上级领导的眼神也要注意时机和限度，如果你长时间盯着领导的眼睛不放，领导就会对你提高警惕，甚至会产生误解。再者，当你和领导的眼神接触时，最好不要从高处俯视领导，要尽量保持平视，在适当的情况下也可仰视。

6. 巧妙应对各类领导

俗话说："知己知彼，百战不殆。"作为下属，在与领导相处时，也要深谙这一道理。

李晓静人如其名，总是一副安安静静的样子，给人的感觉很文艺。之前，她在一家私企任职，领导也是一副温文尔雅的样子，所以每次二人的沟通都非常愉快，气氛很和谐，而她也很受董事长的欣赏与喜爱。后来，公司扩大规模，要在其他省市开设分店，董事长为了能够将新店经营好，决定亲自去分店经营一段时间。而在这段时间里，总店就由董事长的堂兄于总负责。

于总与董事长虽然是堂兄弟，但二人的性格特点却完全不同。董事长性格沉静内敛，而他的堂兄于总却是火爆外放。李晓静与董事长的合作与交流总能维持在一个很好的氛围下进行，二人商讨事情时也很有默契，可她与于总沟通起来却总是会有问题出现，于总看见李晓静不温不火的样子就很着急，总是催促她："说重点，说重点。"可是晓静却说："这就是重点啊。"于总就一副无奈的样子说道："那你干嘛要表现得这么漫不经心，这么重要的事你怎么还能用这么云淡风轻的态度去对待，简直太不尽责了。"

于是，每每李晓静汇报工作，于总总是不满意，更是在这几次的任务中安排她与其他同事一同负责完成，而后的汇报以及请示工作也都交由她的同事去做。这使李晓静在公司的地位由主管逐渐向普通下属靠拢，为了防止这样的事情发生，李晓静与董事长进行了长达两个小时的电话沟通。最后，董事长给了李晓静两个选择：要么调整自己去适应于总，要么就调到外地。而已经有了家庭的李晓静自然不会同意调到外地，于是迫于无奈，李晓静只得继续与于总"相看两生厌"，无法改变自己逐渐走出公司管理层的局面。

作为下属，工作能力需要有，与人相处之道也要懂得。尤其更要懂得如何与自己的上级打交道。汇报工作是常有的事，如果下属不能了解上级的品性，汇报工作时，就可能出现让上级看不顺眼、听不入耳的状况。久而久之，势必会影响上级对自己的印象。而一个不讨上级喜欢的下属，自然不会有好的发展。可以说，上级不仅决定着下属的工作内容，同时也左右着他们的去留或晋升。因此，下属一定要充分了解自己上司的脾气与个性，这样才能找到适合与之打交道的方法。

每个人的性情各不相同，有的脾气暴躁，为人霸道；有的性格严谨，做事一丝不苟；有的性情温和，处世周到……在职场中也一样，什么个性的领导都可能遇到。所以，作为下属，要想与领导合作顺利，就需要对其做事风格和处世风格有所了解。

汇报工作是门技术活儿

一般情况下，上级的做事风格有以下几种类型：

第一种是力量型。和这样的上级一起工作，首先要务实。这样的上级大都性格急躁，不喜欢下属耍花招，欣赏那种说话时能一语击中要害的下属，就是在汇报工作时能够快速、准确地切入主题的下属。而且，这种上级很看重结果。他们在工作中最关注的是事情的重点和做事的结果。碰到这样的上级，作为下属，在解决问题时一定要重点突出，并以简洁的方式说出这种方案所能达到的结果以及影响。另外，这样的上级大都很忙，所以，与他沟通，要不拘一格，可以随时随地交流。

第二种是细节型。这一类的上级非常注重细节，崇尚完美。他认为对待工作要像对待艺术品一样，精雕细琢才能出好活。因此，与这样的上级打交道，首先要中规中矩，让他看到你在工作中的一丝不苟和有条不紊。另外，由于这样的上级特别注重细节，所以，作为下属在处理问题时要先动脑，考虑周详后再行事，否则会被上级认为你是一个有勇无谋的人。

第三种是机会型。这种上级思维敏捷，头脑灵活。和这样的上级在一起工作，也要头脑灵活，跟得上他的节拍。这样的上级做出的决定往往是暂时的，所以，下属还要时刻应对他对工作计划的改变。这个类型的上级，有着极强的创造力，喜欢不断创新。而作为他的下属，也要学会多方位地思考问题，这样才能得到他的欣赏。另外，这样的上级比较爱面子，所以，在工作中，即便是你的良策，也要尽可能地让他感觉到是他自己的主意。切记，不要抢了他的风头，让他面子足了，你的工作才能得到他的认可。

第四种是整合型。这类上级一般比较温和。作为下属，在工作中首先要准备充分。这样的上级善于综合，喜欢收集各种信息，在向其汇报工作的时候，列举问题时要做到精准，对结果的预计也要合理。另外，这样的上级比较注重人际关系，好的人际关系对工作更有推动作用。

与上级相处中，也许他的做事风格不是很容易判断。但是通过交流和观察，可以对其处世风格有所了解，这样，根据这些综合情况便可以调整自己，来适应上级的工作风格。

每个人都有他的做事风格，上级亦是如此。如果在工作中对上级的做事风格多一些了解，就能防止做出让上级不愉快的事情。在工作中，上级所表现出来的做事风格会不尽相同，这时对他做事风格的了解，就能防止下属与上级合作不协调的问题出现。

一般情况下，上级的性格有以下几种类型：

第一种是谨慎冷静型。这样的人对工作一丝不苟的下属最欣赏。对记载详细的工作汇报会很满意。在这样的上级手下干活，就要考虑得比他还要细致，做方案时要全面考虑，汇报工作时也要注意自己的言谈举止，不要不懂得分寸。

第二种是妥协懦弱型。这种上级最明显的特点就是耳根子软。容易接受下属的建议，同时又会因其他人的想法而改变初衷。遇到这样的上级，下属在向其阐明自己的观点后，让与自己看法相同的同事也一起表明自己的观点，以便自己的计划得以采纳。

第三种是外向豪爽型。这种上级性格外向，不太讲究表面的东西，更看重下属的实际能力。对这样的上级可以偶尔粗线条一下，不用太拘泥。

第四种是喜欢处处挑毛病的上级。有这样一种人，不挑剔别人就没法活。如果遇到这样的上级，不用太介意他的批评，因为挑剔是他的习惯。被他批评时，不用太紧张，理性地分析一下就好了。如果他是正确的，就按照他的指示去办；如果他是错误的或是无理的要求，那就适当地采取拖延的办法。

第五种是顽固型。这种类型的上级非常固执，很难听得进去别人的意见，对下属的态度也是必须按照他的方法去处理问题；如果下属与他的观点不一致，他也不会妥协，而是严厉责令下属必须按照他的交代去完成工作任务。

在这样的上级手下干活，若想更好地处理工作中的问题，一定要有耐性。要用温和的态度和语气与他交流沟通。在提出建议时，要把握好分寸，切记不要越权。

第六种是脾气暴躁型。有的人脾气特别大，经常会情绪失控。一点小事也能让他大发脾气，甚至不顾场合地斥责下属，让下属很难堪。如果不幸遇到了这样的上级，一定要在平日里多观察他容易在什么情况下发火，对什么问题敏感，了解了他发火的规律，才能有效地避免触碰到他的雷区。

大千世界，什么样处世风格的人都有。作为下属，若想在工作中不与领导发生摩擦，影响自己的工作，就要学会观察和总结，掌握上级的做事风格，巧妙地应对各种情况，从而规避那些不利因素，让自己的工作更顺利。

7. 捕捉领导指示的弦外之音

在工作中，下属必须有准确领会领导指示的能力，这样才能把领导交给自己的工作完成得更好。一般情况下，领导在下达指示时态度会是比较明确的。但有的时候，出于某种考虑，领导可能不会直接了当地向下属表达自己的意思，而是将其隐藏在话语背后，这时，就需要下属具备捕捉弦外之音的本事了。这也就是说，下属要能准确领会领导的话外音，按照领导的意图将问题处理好。

可能源于中华民族的含蓄本性吧，中国人说话大都不会直抒胸臆，而是将自己的意思隐藏起来，让有心人去猜。在一个单位中，人与事的复杂程度可能比想象中还要严重。能做领导的人，智商都是比较高的，他们谙于世事，颇有城府。而且，这对于他的管理工作也是很有必要的。因此，在同领导打交道的时候，不要太直接。下属一定要有分辨真假的能力，有揣摩领导真实想法的本事。有这样一种调侃的说法，领导签字是有讲究的，横着签暗示这件事可以先放着不去理会；竖着签的意思是这件事必须彻底办妥；如果领导在"同意"的后面画上的是一个实心的句号，表明这件事要"全心全意"办成。对于这些隐藏的意思，下属在汇报工作时，一定要认真领会。

在与领导打交道时很多人发现，领导的本来意思并不在他的话语中。

张晓军在一家公司做了两年多了，平时与领导关系很好。一次，公司准备在南部的一个海滨城市举办外商招待会。公司里的人都想趁机领略一下那个城市的美丽风光，借此放松一下紧张的神经。大家都表现出一副跃跃欲试的架势。领导因与张晓军私交甚好，当然想让他接这份美差事，但考虑到其他人的感受，他又不好直接表态。于是"顺口"问了张晓军一句："听说你那边的朋友不少？"

张晓军不加思索地说："我那边哪有朋友啊。"他的话刚出口，一位同事马上说："我那边有很多同学，还有咱们的客户呢。"这时，张晓军才反应过来，自己做了一件很愚蠢的事。本来领导是为他找个去的理由，他却没能领会到，将机会让给了别人。可见，同领导在一起时，会"听"有多么重要。

在工作中，领导的"弦外之音"会涉及很多的敏感问题，比如，晋升、加薪、裁员等。而领导往往会以比较隐晦的态度将这些信息传达出来。另外，领导还会以"弦外之音"的方式，与下属进行试探性的谈话，或给予激励、提问等，在看似不经意间，达到自己的目的。所以，在面对领导时，对他所说的话一定要留心，别被表象所蒙蔽。也许看似很随意的一句话，已包含了对你现在工作的总结以及对下一步工作的安排。

汇报工作是门技术活儿

一个能听得出他人"弦外之音"的人，一定可以在纷繁复杂的人际关系中做到游刃有余。相信大家对《红楼梦》中的王熙凤都不会陌生，这个被李纨称作"水晶心肝玻璃人"的凤姐，绝对是善听"弦外之音"的顶级高手。比如，大观园起诗社后，探春说想请王熙凤做诗社的"监社御史"，她的话刚一开口，王熙凤马上就猜到他们是缺个"进钱的铜商"，对探春说："你们是想要赞助了，那我明儿立刻上任，放下五十两银子给你们慢慢做会社东道。"人家这边刚刚一说，王熙凤马上就猜到了，并顺着他们的意思做了东道，换得大家的欢喜。在《红楼梦》中，对王熙凤这方面的描述很多。王熙凤之所以能被贾府中最有权势的贾母喜欢，与她善于察言观色、倾听"弦外之音"，精通讨好贾母的各种手段有着紧密的联系。王熙凤的这一本事，使得她成为贾府中最上下通吃的角色。可见，在社会交往中，一个人能否拥有捕捉"弦外之音"的本事很重要。

作为一个下属，在与领导打交道的过程中，能够领会领导的"弦外之音"对其事业发展是大有裨益的。可是很多人在这方面做得不够好，因而无法获得领导的赏识。下属是执行领导决策的人，领导对其表露的每一个想法或者心思，都希望下属能够很好地落实。有时出于某种考虑不能直言，只能将其要表达的意思隐藏在话语之外。如果下属没能认真领会领导的话，就很难领悟到他的本意，这样势必会让领导心里不痛快，或者干脆认为他是一个"愚顽不化"的人，不能委以重任。这样，这个下属就会失去很多的发展机会。

有些人对于领导的意图总是不能很好地领会，原因可能不外乎两种，一种情况是不上心，没有把领导的话太当回事；另一种情况是不懂得察言观色，对他人的心思不敏感，也就无法从领导的言语和举动中看出端倪。同样是工作汇报，有的下属能通过这一过程赢得领导的欣赏，有的人则适得其反，这其中往往与个人是否能从领导的言语和举动中明白他的真正意图有很大关系。

作为下属，会经常向领导汇报工作。而领导向下属传达自己对工作的想法和计划更是常有的事。可是偏偏有些领导在做出指示时不会给出清晰的答案，而是让下属自己去领会。这就需要下属具有听出"弦外之音"的本事，能从领导"随意"的交谈或漫不经心的举动中，读出领导的真实意图。所以，作为下属，与领导打交道时，一定要用心，对领导的性格、兴趣、习惯等进行了解，这样才会从其言行中领悟到微妙的变化，从而做出正确的判断。

善于听懂领导的"弦外之音"，关乎着一个下属能否赢得领导的赏识和重用。在现代社会中，人们更注重情商，而善于捕捉"弦外之音"的能力是一个人情商高低的表现，所以对这方面能力的培养一定要重视。

8. 巧妙拒绝领导的不合理要求

在工作中，领导有时会犯主观主义的错误，向下属提出一些不合理的要求，把本不该下属做的事情让下属去做。面对领导的不合理要求，很多人不知道该如何处理。如果不拒绝这样的要求，可能会为自己日后的工作带来不必要的负担；拒绝自己的领导，又怕惹领导不愉快，对以后的事业发展不利。这种事情让许多人内心很纠结。

肖然是一个很漂亮的女孩，入职后经常会被领导带着去见客户，以致很多同事背后都叫她"交际花"。因为经常与客户打交道，人又漂亮，难免会被一些客户骚扰。而上级每次带她出来时都会说："这是重要客户，不要得罪他。"肖然对上级带自己见客户的事情虽然很是不满，可又不知道如何拒绝。因此，她只得一次又一次地陪着上级出来应酬客户。一次，一位客户对她表示了好感，被肖然拒绝。可这位客户就是不死心，开始对她死缠烂打，严重影响了她的生活。无奈之下，她鼓起勇气找到上级说："对不起，以后我不会再跟您出去见任何客户，我不是交际花，也不喜欢您把我的任何隐私告诉客户，他们的骚扰已经让我疲惫不堪，所以，最近一段时间我要请假休息。"上级看到肖然一脸严肃，马上说了一句"对不起"。但肖然的态度依旧让他很尴尬。

　　这里，肖然的拒绝方式，其实还是值得商榷的。她完全可以用另一种方式，比如："为了工作我可以应酬一下客户，但是我不想拿情感问题做交易，这和工作是两码事。希望您能尊重我。"如果这样拒绝效果会更好一些。

　　对于上级的不合理要求，下属一定要有勇气拒绝。很多人觉得自己是"人在屋檐下，不得不低头"。这样会让上级在不知不觉中"得寸进尺"，而下属也会在默默承受中"节节退败"，让自己承受不该承受的压力和负担。下属在职位上低于上级，但有自己的人格，这一点大家是平等的。因此，在面对上级的无理要求时，一定要明确地让上级知道你的拒绝态度。

　　张国茹在一家企业的品牌管理部工作，文笔很好，在部里负责撰写一些文字宣传材料，上级对她很是器重。可是，让她头疼的是，上级总是给她分派一些工作以外的事务。如让她给自己的孩子做家教，教孩子写作文，而且每星期要去他家两次。上级的请求让她难以拒绝，做家教又不好意思收钱，弄得她心里很烦。拒绝上级吧，怕扫他的面子惹他不高兴，不拒绝吧，又觉得没有义务这样做，她也需要有更多的业余时间做自己喜欢的事。

　　那么，面对上级可能提出的不合理要求，下属应该如何应对并尽量避免这样的事情发生呢？

‖汇报工作是门技术活儿

　　首先，要明确"边界"。最初，为了更好地开展工作，下属可能更愿意与上级融洽相处，取得上级的信赖和喜欢，甚至如朋友一般。但是，时间一长，这种关系就成了对下属不利的因素。上级会因为与下属的关系良好，产生信任感或依赖感，将一些不该下属做的事情也让其处理，甚至包括个人生活中的事情，这样下属就承担了不该承担的压力和负担。久而久之，下属自然会感到疲惫，觉得自己做了太多不该做的事，从而心里郁闷、纠结。这个时候，下属要认真分析一下，自己是否与领导的公私"边界"模糊。而像肖然这样的下属，也要学会用巧妙的方式来拒绝上级。如可以半开玩笑地对上级的孩子说："你已经有了很大进步，我也该下岗了，不然就找不到男朋友了。"有意无意地让上级了解到自己的底线，让上级醒悟，重新认定双方的"边界"。

当上级向自己提出了不合理的工作外要求时，不要急着拒绝，那样会让上级很没面子。不论什么原因，被下属拒绝都是一件不爽的事，心里会很不舒服。所以说，在拒绝上级的时候，一定要讲究策略技巧。一般情况下，可以采用先肯定再拒绝的办法，给上级一个"软着陆"的机会，不至于让他感到太突兀，从而引起他的不快。"软着陆"后，最好还要有一些表示，要对其采取"打一巴掌揉一揉"的方式，消除上级因被拒绝造成的尴尬。可以对他说："您的想法我也赞成，但是这的确有一定的困难……""这件事如果是我，也会这样做，不过……"如果下属能够用恰当的方式和言辞拒绝的话，上级即便心里不舒服，也不会有太强的挫败感。另外，在拒绝上级的时候，要注意场合，最好不要在众人面前拒绝他。

其次，如果有些事情实在不好拒绝，可是自己又不想干，就要采用暗中拖延的办法。另外，移花接木的办法也是可行的。如果上级提出了不合理的工作外要求，你既不想得罪他，又不想干，可以给他推荐一个能够替代自己的人来完成这项工作。

作为下属，如果对上级的不合理要求已经决定了拒绝的话，一定要找到一个充分的理由。让他明白你拒绝的原因，意识到你的拒绝是经过深思熟虑之后的决定。有这样一些下属，想拒绝上级的无理要求时，会表示先考虑几天，然后再向上级慢慢解释自己不适合做这件事的理由。

人要学会拒绝，下属对上级也是一样，当上级提出不合理的要求时，一定要有勇气拒绝。心理学研究认为，不会拒绝是一种心理疾病，是一个人缺乏自信的表现。俗话说，上山容易下山难。下属的逆

汇报工作是门技术活儿

来顺受，往往会换来过重的工作担子，长此以往，会无力承受。接受了上级的无理要求后，再想减负就没那么容易了。所以，从工作一开始就要学会拒绝上级的不合理要求，以巧妙的方式告诉他这样的安排与要求你是无法接受的。

chapter 4

→ **第四章**
掌握汇报工作的技巧

　　想做好任何事情都需要有技巧，向领导汇报工作也是如此。一份好的工作汇报，会让领导体会到下属对工作的热情和认真程度。一种好的汇报方式，也能让下属的汇报更顺畅。因此，在汇报工作时，要掌握一定的技巧，让你的汇报既能及时反馈你在工作上出现的问题以及工作进展的真实情况，又能得到领导心甘情愿的指点和支持。那么，如何做才能算是有技巧地汇报工作呢？首先，在汇报工作前，做好准备工作，做到请示少，汇报多。不要事事依赖领导，要对问题提出自己的看法和建议，这样才会让领导感觉你是善于思考、有主见的下属。另外，在汇报工作时，还应该懂得表达技巧，用恰当的言辞与领导沟通，等等。汇报工作对于下属而言，是与领导沟通的好机会，掌握这方面的技巧对自己的职业生涯大有裨益。

1. 使用PPT汇报工作应注意的细节问题

使用PPT汇报工作已经成了很多单位的不二选择。一个简洁又美观的PPT可以让你瞬间吸引到上级的关注与重视。想要制作出吸引人的PPT，就要遵循如下原则：

首先，思路与逻辑是PPT的灵魂，在制作PPT之前就要想好你在PPT中到底想要表达什么内容，要按照什么顺序来讲解才不会让人听得云里雾里。要知道，只有当你给你的PPT及里面的内容赋予了一定的内涵和逻辑关系，人们才有可能有耐心地听完你的讲解。

其次，在制作PPT时要注意字体的使用。给上级领导汇报工作是一件很严谨的事情，不要为了突出你的PPT就随意地变换字体。一般而言，制作PPT时最好能够一直使用一种字体，如果实在有需要，也不要超过3种。而且在制作时要细心，最好不要有错别字出现。

再则，配色不要太花哨。你的PPT配色过多容易夺去上级的注意力，从而忽略你本身所要表达的内容。

最后，既然在汇报时已经把繁多的文字转化成PPT的形式，就不要在PPT中又将文字还原回去了，能用图片说明的，坚决不用表格，能用表格讲解的，坚决不用文字，只有遵循"大化小，小化图"的六字真言才能将PPT做得专业又实用。

想要让你的PPT受到上级的注意，就要让自己的PPT显得个性化。虽然PPT制作软件当中会有一些模板，但制作者要注意，千万不要使用这些千篇一律的模板进行再创作，这只会让你的PPT显得死板而毫无新意，也从侧面反映出了你对汇报工作的不重视态度。

照片选用得是否恰当与专业是凸显PPT品质的直接证明。单单就照片而言，它既能让你的幻灯片出彩，也能让你的幻灯片显得一无是处。独特而不落俗套的照片能让你的幻灯片不再死板单调，将你的幻灯片从原来蹩脚呆板的泥潭中拉出来重新赋予新的活力。所以在制作幻灯片时，可通过照片来为你的幻灯片包装，让它直观地表达出你的观点。但要注意不要在找不到合适照片的情况下用一些不合时宜的照片滥竽充数，这样只会拉低你幻灯片的水平。

在设计幻灯片的时候，排版是一个非常重要的艺术形式，而且恰到好处的排版能为你设计的东西搭建一个非常优秀的表现平台。但在排列组合的时候，一定要保证你所要突出的内容的可读性。例如，你把想要表达的内容放在了一个非常花哨的背景下，那么他人在观赏你的幻灯片时，自然会被背景吸引住眼球，你所要强调的内容就很容易被众人忽略掉。想要处理好这种情况其实非常简单，只需要在你的文字后面加上同一色系的色条就可以了，这样一个简单的步骤，不仅能让你的文字更具可读性，还能让你的幻灯片显得时尚感十足。

项目符号是有魔力的，这是一个非常有效的办法，能够让你把想要强调的内容以列表的形式呈现出来。无论你所要描述的内容有多复杂，只要将它们放进带有项目符号的列表中，一切问题都会迎刃而解。但项目符号不能滥用。如果演示者忘乎所以地大范围地使用项目符号使上级的关注度分散开来，只会毁了你的幻灯片。要知道，项目符号的设置是为了传达重要的信息，为了更好地传达出你的主要意图。

好的开始才能有好的结尾。一个幻灯片封面的效果如何，很大程度上已经决定了你幻灯片的质量。幻灯片的封面放出来之前，上级往往对于你所要讲述的内容不甚了解，期待着能够从你的可视效果的辅助物中发现蛛丝马迹。设计一个亮眼的封面，当你进行内容介绍的时候将幻灯片停留在封面上，可以马上让你的上级发自内心地关注你的汇报。因为他们不想错过精彩封面背后更加精彩的内容。

一个好的演示者知道，让上级发笑才能令其对你的汇报保持持续地关注。所以，你要在幻灯片中插入幽默元素来引起上级的注意。如此一来，即便没有妙语连珠的口才，上级也会认为你很幽默风趣。但也不要浓墨重彩地去搞笑，要知道，你在幻灯片当中加入幽默元素的目的不是让上级大笑，而是使其保持对你的关注。

李楠要向上级汇报参加群众路线教育大会的心得与体会，而上级要求他以幻灯片的形式进行汇报。

李楠在参加会议的时候记了很多笔记，又在网上查找了不少资料，制作出一个自觉非常满意的幻灯片去向上级领导汇报工作。

打开幻灯片，只见屏幕上满满的都是文字，而且在每一行文字的前面都用项目符号作了重点标注。

领导本希望李楠以幻灯片的形式把汇报做得有新意些，不再像原来的汇报那样文字繁多，且没有重点。可是没想到，即便要求他做幻灯片，他也还是没有摆脱使用过多文字表达的习惯。

李楠对着幻灯片进行原文朗读，以致汇报还没结束，上级领导就要求他停止汇报。此后，李楠再也没有被上级安排参加什么重大的活动与会议。

做幻灯片就是要改变之前做汇报的模式，要有内容、有重点，而且要将这些内容与重点让上级一目了然地看明白，所以简洁、有效是用幻灯片汇报工作的最基本要求。为了避免让听者觉得枯燥与乏味，在制作幻灯片时一定要重视内容与版面的设计。

一切准备就绪之后，还要在汇报之前多进行几次预讲。并不要求将幻灯片上的所有内容一字不漏地讲解出来，只要保持思路清晰，将重点讲明白就可以。也就是说，在讲解时要加入自己的语言，而不是照本宣科地朗读，哪些是需要自己发挥的，哪些是能够一语带过的，在私下里就要搞明白，这样才能在真正的汇报中讲得自然顺畅。

② 从下封邮件开始，让领导关注你

日本著名企业家盛田昭夫曾经这样要求过自己的下属，他说道："优秀的职员会把棘手的工作干得非常漂亮，糟糕的职员会把漂亮的工作干得很棘手。究其区别，就在于优秀的职员会从各个角度来完善自己的业务，包括填写报表、清洁桌面，以及收发邮件这些极其细微的事情。"这就是说，在一些世界知名管理者眼中，如何正确使用邮件汇报工作，同样是一件非常重要的事情。

在日本一家电子企业三岛惠能工作的朱尼尔·玛索是一名韩裔法国女子，她在韩国出生，6岁的时候跟随父母去法国布雷斯特。经历了日本留学之后，玛索在三岛惠能找到了一份市场分析员的工作。不过玛索的工作地点不在日本，而是法国工业重镇里昂。

从第一天加入公司开始，玛索就感受到了极大的工作压力。因为在很多日本企业中，女性角色通常会受到一定的排挤和轻视，而对于这样一个没有工作经验、同时又是欧洲国籍的亚洲女子，市场部领导森田一郎是并不怎么看好的。

面对重重的工作压力，玛索并没有感到畏惧。她依然每天按照惯例以邮件形式给森田先生发送当日的工作整理报告。大约过了半年时间，玛索发现，公司在欧洲的订单出现了下滑。于是，她针对这种现象做出了自己的分析和建议，并且在下一次提交工作报告的时候，通过邮件发送给了森田一郎。

在邮件中，玛索这样写道："尊敬的森田部长，经过不同范围选样的比较，我认为公司在欧洲的市场正在萎缩。在查阅公司公告栏中的以往销售历史之后，我还利用业余时间做了一个居民调研。调查资料显示，只有2.93%的随机受访者正在使用我们的产品，5.25%的人知道或者听说过我们的产品。而在那些正在使用公司产品的人群当中，又有32.7%是彼此认识的。根据以上数据，我认为公司在产品质量方面是值得信赖的，需要提高的应该是宣传推广力度。我的建议有两点：首先，继续跟进调研，并扩大抽查样本；其次，针对相关地区同类产品进行统计。以上建议，请您酌情审阅，期待您的回复。"

很快，玛索就收到了来自森田部长的回复。在邮件中，森田先生对玛索的意见和工作做出了肯定。同时，他还重点提到了这样一件事情，他说道："过去大半年时间里，公司都认为业绩下滑是欧洲经济危机引起的，但是在你的汇报统计当中，公司在产品宣传方面力度不够或许才是真正的原因。现在，公司做出如下决定：首先，调研部持续跟进抽查工作；其次，策划部开始确定欧洲下季度宣传案；此外，玛索女士业务能力出众，思维清晰敏捷，自下月起担任三岛惠能市场部见习次长工作。"

‖汇报工作是门技术活儿

很显然，玛索的这份报告邮件让她受益匪浅，不但自己的职务得到了提升，同时那些工作环境中的歧视也逐渐消散了。那么，玛索究竟在报告邮件中做了哪些工作，才使得自己一跃成为领导眼中不可或缺的一份子呢？

首先，从邮件内容角度来说，玛索提交给领导的，不仅仅是将自己的工作情况做出汇报，同时她还在发送邮件的时候，给出了自己的工作意见。这就从一定程度上表明了，玛索对于工作的态度是积极而主动的。对于领导者来说，一名乐于主动工作、在执行任务过程中能够发现新思路、新办法的下属是非常难能可贵的。在完成本职工作的同时，玛索跳出了照章办事的窠臼，这一点自然会引起领导的注意。

其次，在这份邮件当中，玛索还特别对于自己进行这些市场调查的工作时间做了说明。在邮件之中，她特别强调了"业余时间"这一概念，也就是说，她没有在工作时间内去做自己本职工作之外的事情。很显然，在工作态度严谨、分工明确的日本公司，越俎代庖的事情是非常令管理者厌恶的。所以在汇报工作的时候——尤其是那些通过邮件形式沟通的远程工种，是很容易让管理者产生"他是否在无监督的情况下做着其他事情"的印象。

再次，在利用邮件汇报工作的时候，精确化的数字统计更具说服力。试想一下，假如玛索没有在邮件中附上自己针对调查样本做出的数据统计，那么三岛惠能的领导们能够相信一个远在千里之外的公司新人所提出的想法都是正确的吗？更重要的是，玛索的这一份统计，从一定程度上说明了，三岛惠能公司的产品在本地的知名度其实非常底，这就为公司指明了"加大推广力度"的解决办法；而从另一个角度上来说，那些使用三岛惠能公司产品的用户，又有接近三分之一是互相认识的，这就从一定程度上说明了，用户对于三岛惠能公司的产品质量还是比较信任的，他们可能会将这些产品介绍给身边认识的人。可以看到，玛索提交的数据，不光反映出她是一个严谨、细致的人，同时还将其善于寻找市场突破热点的特长展露无遗。

最后，关于建议的提案，一定要有条理，写清楚执行步骤。虽然这次关于问题的解决步骤，玛索提供得比较简单。但是即便只有短短两点，玛索也将它们分类阐述，这样做的好处就是能够让管理者感觉到，自己面对的是一名逻辑清晰、办事有条理的好下属。

在工作当中，邮件沟通是非常重要的。尤其是在目前信息多元化的时代，领导集团和下属之间的地理差距可能会越来越远，而在这样一种情况下，邮件形式的交流和沟通就会占据极为重要的位置。从另一个角度来说，一些不便于当面交流的意见，也可以通过发送邮件的形式完成，对比于短信或者电话方式而言，邮件交流会显得更为正式和严肃，同样也更能够引起管理者的注意。在很多时候，一封充满创意、措辞严谨、逻辑缜密的邮件，能够让领导者真切感受到工作者的良好态度，这一点无论从团队发展，还是个人晋升角度来说，都会起到不错的推动效果。

3. 有问题尽量自己解决，不要什么困难都摆出来

一个遇到困难不能尝试自己去解决的下属从来不是受上级喜爱的下属。

荀子有云："有一张能说会道的嘴，还有能够身体力行的能力，就是一个国家的宝贝；没有一张能说会道的嘴，但是具有身体力行的能力，就是一个国家的武器；有一张能说会道的嘴，但是没有身体力行的能力，就是一个国家的有用之才；而既没有能说会道的嘴，也没有身体力行的能力，就是一个国家的妖魔了。我们要敬重'国宝'，重视'国器'，任命'国用'，驱除'国妖'。"

荀子的这一理论同样适用于官场和职场。只有当你既能说，又能做的时候，才能成为上级心中的宝贝，从而得到上级的尊敬与重用。而如果你连本职工作都做不好，甚至连汇报也不会时，就要努力提高自己了，否则，当心你的上级产生"除妖"的心理。

王贤是公司技术部的主管，董永在他手下工作已经有两年了，表现一直不错。所以这次公司接了大项目，就要求王贤与董永一同负责

监管并完成。王贤负责前期的设计，董永负责后期的制作。

王贤为了保住自己的职位，并能够在这个项目中为自己谋些私利，在前期设计的时候，总是会把小问题当成大问题去向上级汇报，并与之沟通。王贤这样做无非是向上级彰显这个项目的难度，向上级表示：除了我王贤，公司再没有人能够做得了这个项目，因为难度太大了。每一次汇报完毕，王贤总是要求公司再次增加对这个项目的投入，而王贤在没有人留意的地方就会把一部分资金划入自己的口袋。好在前期的设计经过一个月的时间顺利完成了。

接下来，到了董永来继续完成这个项目的后半段，也就是到了制作阶段。制作相较于设计来讲，周期很长，而且因为要和前期的设计相配合，所以董永遇到的事情真可谓不少。但每次出了问题，董永总是首先与王贤共同商议如何去解决，是修改数据还是舍弃其中有冲突的部分。商议过后，董永会及时通知其他技术人员商议的结果并重新分配任务。所幸在这期间，王贤与董永两人商议后无法解决的问题少之又少，所以董永在向上级汇报的时候，除了报告一些进展，还真是鲜有向上级抱怨制作途中所遇到的困难与障碍。三个月后，董永带领着公司的技术人员完成了后期制作。

这个项目的完成为公司带来了不少效益，上级也很是高兴，而就在众人都认为做了主管已经很久了的王贤这次应该能够更上一层楼，向更高的职位发起冲击时，一个跌破所有人眼镜的决策传来：董永成了部门的新主管，而大家都认为能够升迁的王贤却从主管的职位降到了副主管。这不升反降的变化着实让所有人都惊讶不已。

汇报工作是门技术活儿

不服气的王贤找到上级，质问为何自己不升反降？上级回答道："你在前期设计的时候，确实遇到了很多困难，公司也能够理解。但其中有些问题，公司高层认为那是你这个公司骨干、技术大佬能够完成的事情。虽然说这个项目有难度，但类似的项目我们也不是没有接手过。你不能因为公司派了董永给你就搞特殊化，据我们所知，董永在后期遇到的问题都是尝试着自己去解决，解决不了的也会先与你协商。而他汇报给高层的困难几乎是可以忽略不计的。公司需要的主管是能够独当一面、能力出众的，而不是出现什么困难都要先找高层。"

上级的一席话让王贤灰头土脸地走出了办公室，而这以后，王贤因为不得志，向公司递交了辞职信。公司没有对他做过多的挽留，他很快就离开了公司。

王贤总是把遇到的困难摆出来让上级看到，以此彰显自己能力的行为可谓是"偷鸡不成蚀把米"，不仅将自己在上级心中技术骨干的印象破坏了，甚至因此再也得不到上级的重用，以致最后只能离职。这就提醒大家，遇到问题一定要先尝试着自己去解决，不要什么困难都摆在台面上，这样不仅会让上级对你的能力产生质疑，而且他会思考你到底能不能胜任现在的职位。

向领导与上级汇报工作的时候要注意技巧。在你自己能力范围之内的事情，就不要汇报给上级。如果一遇到困难就向上级汇报，不仅耽误了上级的时间，还会给他留下你邀功的印象。再者说，如果遇到点困难就需要上级去帮你解决，你的存在价值又要在哪里彰显呢？而一旦你没有了存在价值，上级为什么还要继续重用你呢？

　　如果你一直维持在无论什么事情与困难都向上级汇报的水平，只会让自己没有成绩可言。一个没有成绩可言的下属，会给上级留下不思进取、偷懒无为的印象。相信任何一个领导都不会重用这样的下属。

　　知道哪方面的问题需要向上级请示，哪方面的问题不需要请示，能够自己解决的问题就自己解决，是一个优秀的下属需要具备的基本素质。只有当你有一张能说会道的嘴，有能够处理事情、解决问题的能力时，才能成为企业或单位不可替代的人。

4. 多用"假如"来为上级描绘美好蓝图

如何能让上级领导对我们在汇报中提出的方案感到满意，并产生认同感，这困扰着很多下属。其实，只要在方案中多使用"假如"等词语为上级描绘出一幅美好的蓝图，上级是很容易被美好蓝图吸引，从而批准你的方案。

如果你是上级，以下哪种说法会让你同意关于下属"加大资金投入扩大生产"的建议呢？一是"扩大生产可以给我们带来非常可观的利润"；二是"如果加大资金的投入来扩大生产的话，我们就会像娃哈哈集团那样得到非常全面的发展"。

无疑，我们会对第二种说法更为动心，因为这句话所提出的构想更容易让我们有所憧憬、有所展望，从而让我们开始正视并思考这个提议。

美国著名学者戈特曾指出，理想与现实之间存在一个缺口，而这个缺口就是现实与理想之间的距离。如果把现有的成绩与预期的成绩之间，用"假如"等词汇与现实中成功的例子进行联系，人们就会很容易信服，从而为这种"假如"买单。

日本松下电器之所以能够畅销全世界，与它的创始人松下幸之助的领导有着密不可分的关系。可以说，正是因为松下幸之助身上所展现出来的富有远见的思维才创造了松下电器的传奇。而松下幸之助在如何调动下属的积极性方面也有着他的独到之处。

1931年，松下幸之助去一家古寺游览。游览途中他惊讶地发现，这里有很多人在进行无偿性劳动，在劳动的时候没有任何薪水可拿的他们居然非常快活，这个现象让松下幸之助脑中灵光一闪，并意识到，当人们认为自己所做的事有意义时，无形之中就会以巨大的热情投入到劳动之中，从而极大地提升生产效率。

回到公司后，松下幸之助进行了逆向推理：想要扩大规模就要加大资金的投入，想要获得大量资金就要占领广阔市场来增加利润，想增加利润就要提升公司的生产率，而提升生产率首先就要提高工人们的劳动积极性，什么能使工人的积极性得到极大的提升呢？无疑是金钱。

经过这样的一番推理之后，松下幸之助开始在公司推行多劳多得的薪资制度，并开始给下属发放提成和月末奖金。不仅如此，松下幸之助还把自己的"假如"理论带到了公司上上下下："假如你能够像对待你的朋友和家人那样与你的客户相处，就一定能够和客户维持长期的合作关系"；"假如你能够对自己的工作尽职尽责，就能够承担更重的担子"，等等。松下幸之助还表示："如果仅仅靠一个人的智慧来发展公司，那么即便这个公司能够在短时间内发展迅速，以后也一定

汇报工作是门技术活儿

会遇到瓶颈期。公司发展仅仅依靠我一个人是行不通的，我们要集齐公司所有人的智慧为公司的发展贡献力量。"为此，松下幸之助加强了对公司下属的培养，使每一个下属都对公司的发展以及行业的现状有了充分了解，并发布了如果下属的建议被采纳就对下属进行奖励的相关规定。此后，松下集团的每次改革，所采用的每一个对公司发展有益的建议基本都出自基层员工之口。

这种"假如"理论在单位预期的发展方面和与客户合作方面都发挥着很大作用，因为没有一系列的"假设"做前提，就难以实现未来的广阔发展前景。所以说，在汇报工作时，要灵活地运用"假如"等词汇，向上级阐述清楚自己的意图，再举出实例来对自己的观点和计划的可实施性进行佐证，在最后做总结的时候则用一系列的"假如"帮助自己把现实推向预期的目标。按照这样的程序汇报工作，一定能够让你的上级对你另眼相看。当然，你也可以用反面例子进行衬托，用"如果……就不能……""如果……就没有"等来反衬自己观点的正确性。

用一系列的"假如"做前提，能够让人们看到美好的未来在向自己召唤，让人们看到希望；能够让人们知道现实与理想的距离不再遥不可及，通过一点点努力、一点点奋斗就能够达成所愿。

在汇报中巧用"假如"式语句，能够让你的构想不再是空中楼阁，不再空泛、毫无说服力，从而使你的上级觉得你所提出的方案切实可行，进而成为你最强有力的后盾。

当然，在你的"假如"中，所表述的构想以及预期的目标一定是符合实际的，不能过于飘渺，那样只会使你的上级觉得你的目标与现实的距离太过遥远。

5. 学会换位思考，从领导的角度考虑问题

想要让领导对你的汇报满意，就要学会站在领导的角度思考问题——只有站在领导的角度思考问题，你的汇报才能想上级领导之所想，急上级领导之所急，这样领导才有可能认同你的汇报。

刘正就读于一所著名的大学，毕业的时候几家大公司都向他抛出了橄榄枝，但刘正最后的选择让所有人都疑惑不解，因为他舍弃了大公司的邀请，转而去了一家规模很小的公司做董事长助理。他的同学甚至父母都觉得这对于在学校期间成绩优秀、个人能力也非常突出的刘正来说是大材小用，他完全有能力去更好的公司，选择更好的职业。但刘正说，这个职位很适合自己，他有他自己的考虑。

第一天上班刘正看到了正在办理离职手续的前任助理。前任助理看到他，幸灾乐祸地说道："你是新来的助理吧？哼，有能力还是准备另谋高就吧，在这里工作是浪费青春。"因为董事长助理的工作很是枯燥无味，每天只是收发文件，安排会议并做记录，安排董事长的行程等。这个职位说得好听些叫助理，其实不过是个打杂的

而已。

听完前任助理的话，刘正只是友好地笑了一下（前任助理看着他无动于衷的样子只好怒气冲冲地走开了）。对于刘正来说，助理的工作自然有它的价值：在收发文件时，可以看到董事长是如何批示企业出现的问题的，明确地知晓一个管理者对公司的事情到底持有怎样的看法，遇事是如何解决的；做会议记录的时候可以了解到公司每个部门是如何定位、如何配合的，从而了解这个企业是如何经营的。刘正觉得，世上不存在没有意义的职位，只存在没有想法的下属，如果站在董事长的角度去看问题，这份工作就是非常有价值的。

现在，刘正已经是一家年利润1000万元公司的负责人，却不知那个当年劝刘正离开的助理近况如何。每次有人向刘正请教成功的经验时，刘正都会告诉对方："当你还是一个下属的时候，就要学会站在领导的角度思考问题。"

正因为刘正总是站在领导的角度思考问题，他才能在工作中不断地转换思维，学习领导的管理方法，为后来的成功奠定了基础。每一个成功的人身上必然具备着需要我们学习的长处与品质，当我们站在他们的角度思考问题时，慢慢地，也就具备了与其相同的素质，甚至可能青出于蓝而胜于蓝。

在一次加州大学的演讲中，英特尔公司总裁安迪·葛洛夫对台下的同学们说了这样的话："无论你在哪里工作，从事的是什么职业，都不要仅仅把自己当成一名普通的下属，应该从领导的角度去看待事物，思考并处理问题。"当然，安迪·葛洛夫并不是让你插手单位的所有事情，也不是让你对上级的决定指手画脚，他的真正用意是让即将毕业参加工作的同学们知道：当你换一种思路、换一种角度去思考问题时，工作的主动性就会得到提升。这样一来，你定会从工作中得到收获。

一般来说，领导能够看到全局，算的是单位的大账目，与你看问题的角度是截然不同的。而如果你能够学会用领导的眼光看问题、思考问题，在做汇报时，就能够站得更高，关心组织与单位的整体利益，一些原来自己不在意的小问题也会变得如鲠在喉，因为你已经把自己与组织、单位的利益融为了一体，面对问题时会变得更加细腻与敏感。而当你开始重视每一个问题，并针对问题提出解决方案时，就能够更全面地考虑你的方案到底适不适合组织和单位目前的状况，而领导也能够看到你的能力和对单位的责任心。

　　只有懂得换位思考，从领导的角度思考问题，才能更严格地要求自己，也才能更全面、更有深度地看待工作中遇到的问题。这样，你的工作能力将会得到提升，对领导的心思也能摸得更透，汇报工作时，你的观点会更容易获得领导的认同。

6. 说不清楚的用手势，讲不明白的用图示

　　有些问题说不清楚时，手势能够帮助你更传神地表达意图，图示则能够帮助你更形象地传递信息。很多时候，当语言已经不足以表达观点时，就要学会借用辅助手段来丰富你所要讲的内容。

　　心理学家研究表明，手势和话语都具有传递信息的功能，当你同时使用手势与话语向对方讲解、阐述时，对方对你所说内容的理解力要比单独通过耳朵听声高出百分之十。

　　手势能够使你的表达更具体、更有煽动性，每一个成功的演说家都喜欢在演说非常激动的时刻高举双手或者手握成拳来激发听众的热情；手势能够使你的表达更形象，就像人们高兴的时候会不自觉地举起剪刀手；手势能够使你的表达更直观，就像不用交警说什么，看着他的手势就能够明确地知晓你何时停、何时走。手势能够帮助我们更传神地表达情感与意图，是我们表述观点时一个必不可少的重要工具。

　　古罗马人在记忆比较难懂的事物时，总会在脑海中想象出画面来代表这些事物的形象。这是因为一个图像所包含的信息要远远超过文

字与声音，而我们的视觉在吸收信息的能力方面也要远远高于听觉。在记忆度方面，用图表来表达内容比起只用文字表达给人留下的印象要高出20个百分点。所以，在汇报工作时如果遇到了讲不清的内容，可以用图表来帮助你完成这项任务。

图表能将许多繁杂的语言变得简单化、明了化，而汇报工作时如果你想化繁为简，更清楚地表明自己的意图，就可以使用图表。

麦肯锡公司董事长麦肯锡向媒体这样披露道："麦肯锡公司能够在几十年激烈的行业竞争中立于不败之地，其中很重要的因素就是在平常的工作中善于使用图表演示。正是能够让所有问题变得明朗化的图表，帮助麦肯锡公司独步天下这么多年，而且经过麦肯锡公司几十年的应用和改善，现在的图表演示已经成为了世界500强企业和很多著名商学院都要学习的必备技能。这就是图表的威力——花最短的时间，将最切中要害的问题以最具有视觉冲击力的形式展现出来。"

每月第三个礼拜的第一天，R公司的所有委员会成员都要在九点准时到达会议室参加公司例会，总结上个月的工作情况并对接下来的工作做出安排和部署。但这次的例会稍有不同，主席竟然要求一个年轻的没什么资历的经理来准备公司的业绩报告，并且要他在报告中向大家展示行业的现状，以便公司能够根据他的报告确定新的投资方式。公司委员会的成员对主席的决定自然没有异议，但对这个资历尚浅的新经理还是不太信任，于是众多"老狐狸"们都等着看他的好戏。

‖汇报工作是门技术活儿

新经理瑞恩对于主席这样的安排，感到受宠若惊，于是非常兴奋地着手准备这份汇报。他先是对行业的现状做了许多调查，又对公司的业绩做了系统的研究，获得了很多一手资料。但他在欣喜之余面对繁多的资料犯起了愁——也不能将资料都拿到会议上用啊。突然，他灵光一闪，想到了用图表来对会议内容进行解释说明。所谓"一张表就等于一千字"，瑞恩决定用图表取代复杂的文字说明，让自己的汇报更加迅捷与清晰。

例会开始后，委员们看着瑞恩手中那薄薄的几页纸都露出了轻蔑的神情，甚至有人小声议论道："果然，新人就是新人，连准备都做得不充分，还怎么给咱们讲解啊？"但主席看着瑞恩手中薄薄的几页纸却露出了赞赏的笑容。

瑞恩看到主席对自己的鼓励，信心满满地讲起会议开场白来。讲完开场白，瑞恩就开始针对大屏幕上的图表进行讲解，将一个个图表依次点开，在必要的地方写上批注并向大家做出解释，可能要几十页的文字才能解释清楚的问题就这样被瑞恩的几个图表解决了。有多年工作经验的人甚至不需要瑞恩的讲解，只看图表就已经对行业以及公司的大致情况有所了解。例会结束后，委员们对瑞恩的表现大加赞赏，都对他刮目相看，而瑞恩的举动也影响到了公司的方方面面，自此，公司的大小会议，再也没有出现过材料繁杂的情况，而且参会人员也不像之前那样无精打采了。

向上级汇报工作时，繁多的资料与文字会让上级看得眼花缭乱、心烦意乱，而言简意赅的图表则能够把长篇大论、琐碎冗长的文字转化成让人一目了然的表格与图像，这在节省时间的同时，还能够将内容以更为直观的形式呈现在上级面前。

7. 说结论讲结果时，要有数据支撑

在汇报工作时，一般情况下人们会把自己报告中想要表达的结果放在报告的最前面，用这种开宗明义的方式来减少上级的浏览或倾听时间。

你做了多少工作，取得了怎样的成果，这是上级最想知道的内容。在给上级领导汇报这些情况时，一定要对自己的业绩和成果了如指掌，用清晰的数字和明确的话语让上级领导对你的工作有个最基本的认识。最好用实际的成果展示你的成绩，用精确的数字给予辅助证明，而不是用模棱两可的话语和谄媚的表情面对上级领导。即使你对自己的工作成果不满意，或者认为其还存在一定程度的缺陷，也要根据实情向上级领导汇报工作成果，包括出现的问题以及失误，即使是自己的主观原因也不例外。

汇报结论与结果时，要讲究"一切用数字说话"的原则，用数据作为支撑。因为在人们心中，数据是严谨的、做不得假的，也是最能够引发强烈对比的工具。在说明一个问题或者阐述一个观点时，如果满篇都是模棱两可的话语而没有切实的、精确的数据来对你的观点进行补充，想要他人信服就会很难。也就是说，无论你的观点多么正

确，没有具体数据支撑，那么在他人眼里都是没有说服力的。反之，如果你针对你的观点手中握有翔实可信的数据，那么人们就很容易信任你。

数据是衡量一个人、一个部门、一个单位、一个企业是否有效益、有成绩的最直接也是最有效的依据。不论哪行哪业，数据对于内部管理与市场开拓都是行之有效的手段之一。特别是业务部门，无论是考核还是监测，数据要比其他工具更加具有说服力。仅以销售部门为例，下属为了能够完成销售任务，需要对自己的销售手段做出调整来适应不断变化的市场。而如何调整、何时调整就要根据平常工作时对各种指标所做的相关数据记录，通过数据分析来对业绩进行测评，不断地反思、不断地调整才能更好地完成销售任务。这些如果仅凭经验来决策是不行的，因为有时候你过分相信的经验会欺骗你，只有变化的数据才能显示出最真实与最客观的情况。

元朝至正年间，海宁一带还没有通航，水运交通非常不便，朝廷只得通过陆运来运输粮食（负责这一工作的是将军董博霄）。由于常年的战乱，海宁一带的人民已经无法再为朝廷运输粮食，将军决定让士兵们自己将粮食运回来。但改变运输策略是需要向皇帝汇报的，于是董博霄上朝后向皇帝做了这样的一个汇报：

"人民饱经战乱，已经无力再为朝廷运输粮食了，所以我请求用'自给自足'的方式，由士兵们自己进行运输。用一日百里的方法，既能够保证运输量增加，又能对士兵进行训练。这个一日百里指的是，每隔十步安插一个士兵，那么只要三十六个士兵就可以负责一里地的距离，只要三百六十个士兵就可以负责十里地的距离，而一百里地的距离也不过需要三千六百个士兵而已。先用布袋将粮食装好，由第一个士兵背着走十步，传递给下一个士兵，以此类推，士兵们在不停地行走，粮食也在被不停地运走。一个士兵每天可以走五百个来回，每天的行程算下来就是28公里，这还是往返的距离，如果只算负重行走的距离，这个数据还要减少一半，也就是负重行走的路程不过14公里罢了。这样算下来，通过一日百里的方法，士兵们平均每天运送200石的粮食，这些粮食可以供全营的士兵吃上一整天。可以说，通过这个方法，既缓解了人民的疲惫，又锻炼了士兵，而且工作效率会得到明显提升。"

汇报结束之后，皇帝对董博霄大加赞赏，并允许他使用这个方法运输粮食。

显然，通过具体的数据，将细节问题向上级汇报清楚，可以在无形之中增加自己的说服力，使自己的方案很容易得到上级的批准。

当你能够在汇报中正确地运用数据的力量时，才会在平常的工作中将工作落到实处，也只有当你开始用客观的数据来检视自己的成绩、指引自己的行为时，才能更有效率地工作，而你获得的结论也才会更加精准。

想要给上级领导提供准确而真实的数据，就要在平常的工作中注重数据源的建设与培养。一般来讲，至少可以从四个方面来获得可支撑自己的数据。第一种是在平常的工作中做好记录，这种属于累加型数据，例如一个阶段你收到了多少投诉电话，共计发生了多少次错误，实施培训的时间有多久等等，这些累加型的数据如果在平常的工作中没有系统地记录，在你做汇报的时候就会很难获得。第二种是信息系统所提供的数据。这种数据属于统计型数据，是从所在单位的信息管理系统中可以直接获取到的数据。例如，所在单位的在职人数，以及关于产值、平均库存等方面的相关数据。第三种是项目型数据。项目型数据是在项目性工作的实施过程中统计到的具体数据。例如，实施项目的时间进展数据，在实施过程中所发生的损失数据，实施前单位投入了多少资源，实施后产出了什么样的结果等。第四种是最能够突出个人与单位成绩的预算与支出数据。预算不仅体现在财务方面，更包含着工作人员在其他物资与资源上的一系列花销，而将所有的预算与最后的实际支出进行精确的比较，也是汇报工作中非常常见的一种方法。

虽然在报告中提供数据极为重要，但也不能为了提供数据而去提供数据。想要在汇报工作时为上级提供准确的数据，就要求你在平时做数据编制与记录时注意以下几点：

（1）你所要提供给上级领导的数据必须是准确的、真实的，要有确切的数据来源。不能被自己的主观意愿或个人的情绪所干扰出现对数据随意更改或取舍的情况，凭空捏造更是非常不可取的做法。数据失真表示你正在失去你的信用，而上级领导是不会需要一个信誉度为零的下属的。

（2）要为你所提供的数据安排背景。同样的衣服在不同背景下会呈现出不同的效果。数据也是如此，在不同的背景下，相同的数据所表达出来的效果可能会完全不同。只有为数据加上确切的背景，才能使数据的含义被真实地表达出来。例如，一个企业在正常运作下与重点生产期间，同样的产品合格率，所表达出的意义却是截然不同的。

（3）如果你所提供的数据不是单一性的而是一组甚至几组数据，一定要保证在这些数据之间安排好合理的结构与有效的逻辑关联。哪组数据是因，哪组数据是果？不同数据之间的相互影响是什么？不同数据对于同一件事情有哪些不同的影响？哪组数据之间是存在冲突的？哪组数据之间是相互制约的？这些关联与逻辑一定要讲清，这样才能保证你所提供数据的有效性。

（4）你所罗列的这些数据想表达什么样的意图要讲清楚。你想用这些数据将上级领导引向什么方向？上级领导听了你对数据的分析和解读能够抓到什么要点，掌握什么信息？通过你提供的这些数据上级能够得出什么结论？这些是最主要的问题。

8. 多用正面词汇，少用负面词汇

如果你有成绩、有业绩，任务完成得好，向上级汇报工作的时候自然不担心。但如果你没有很好地完成任务呢？那你搜肠刮肚想出来的汇报还是会触怒上级。在这种情况下，要怎样做才能使自己的汇报顺利过关呢？你必须在汇报时多用正面词汇，少用负面词汇。

诺贝尔文学奖获得者基普林曾说过这样一句话："语言比世上任何强效麻醉剂都更有效果。"而孔子则说："言不顺，则事不成。"很多时候，通过话语我们能获得意想不到的积极效果。也有研究表明，相同的语义，不同的表达，能够产生不同的效果。

你完不成工作任务，或业绩不达标时，上级领导对你肯定不会满意，而这时如果你将自己的问题与不足统统向上级汇报，就一定会影响到自己在上级心目中的地位，他们会认为你缺乏工作能力，不能胜任自己的工作，甚至产生让他人代替你的想法。想要避免这种情况发生，你就要小心斟酌，在遣词造句中将一些负面词汇转换成正面词汇。

例如，所在部门的业绩下滑时，你可以对上级领导说："部门的业绩在这一年里出现了负增长。"如果在新项目的运行上遭遇了很大的困难，你可以这样向上级领导描述："虽然我们在这个项目上投入很多，但在不断完善的过程中又出现了很多新的挑战。"在遭遇损失时，可以这样向上级说明："我们在这一领域还很不熟悉，所以交了不少学费，相信以后我们一定能够征服这个领域，创造更好的业绩。"

在工作做不好的情况下，向上级汇报工作时如果将负面词汇转变成正面词汇，不仅能在一定程度上减轻你的失误，还能给上级领导留下积极的印象，使他不会对你太过失望。积极的语言会激发人们积极的情绪，用积极的、正面的语言去打动上级，是在工作做不好时获得上级谅解的一个好方法。

另外，如果是自身的原因与不足给单位带来的损失，那么在汇报工作时还要注意：列出详细的改进计划来弥补自己的失误与不足，而且在计划中要多总结自己失败的原因。要知道，这也是一种向上级认错并表明自己在认真思考与反思的方式。

郑薰与林水晶共同负责公司的一个建设项目，可是在项目进行的过程中，突然传来了建筑工人摔伤的坏消息，而且这条消息被同行大肆渲染后更加大了对公司的不良影响。上级对于这样的事故很是不满意，让二人一同来对此事进行汇报。

在林水晶的汇报中，主要讲了这个事件给公司带来的不良影响，深刻地反醒了自己工作的失误，并为这次事故带给公司的不良影响深感自责与内疚，希望继续完成下面的工作，以求将功补过。上级的脸色一直都不是很好看，尤其听到给公司带来不良影响时，更是表现出了一股怒意。

轮到郑薰汇报时，她也首先向上级汇报了工作上出现的问题，但与林水晶把所有过错都照实向上级讲述不同，郑薰主要讲述了建筑工人自身不小心因而造成摔伤，认为只要能够澄清此事，那么公司信誉上的损失是能够大大减少的，而且她还提出了澄清的办法，表示已经联系好了相关媒体，同时为上级勾画了这个项目未来的蓝图。上级听到郑薰的汇报，知道公司声誉是可以挽回的，而且这个项目也确实是有利可图的，便从愤怒中走了出来。

听完二人的汇报，上级思考之后，将林水晶从管理岗位降到了普通下属。领导是这样对她说的："既然你工作上出现了很大失误，感到自责却没有切实的办法去解决，还是暂时不要负责这个项目了吧。"

为什么同样是负责人，同样承担责任，二人却有着完全不同的待遇呢？这就是她们在汇报时所使用的正面词汇与负面词汇所致。林水晶的汇报主要针对的是失误以及失误给公司造成的不良影响，使得原本就已经不满意的上级更加不快。而郑薰汇报时却通过正面词汇给上级留下了可以挽救、可以减少损失的印象，并通过正面词汇给上级营造出"这个项目有很大希望与利益"的美好蓝图，这样上级自然就减少了对郑薰的责难心理。

在你的工作没有做好，或者业绩没有完成的情况下，虽然在向上级汇报时作一定的检讨是必要的，但一定要尽量将强调损失与悔过的负面词汇转换成正面词汇，使你在上级面前不至于完全"暗淡无光"，而上级的情绪也不至于因此降至冰点，从而对你丧失信心。

9. 口头汇报需要注意的问题

口头汇报是工作中常见的一种方式。口头汇报最能考察下属的语言表达能力。通过这种方式，上级不仅能够对工作中出现的问题以及完成情况有所了解，也能对下属个人有所了解。因此，下属一定要把握好这样的机会，对口头汇报给予高度重视。

《红楼梦》第二十七回中，凤姐使唤小红去告诉平姐姐，让她将外头屋里的银子给秀匠。另外，再把床头上的小荷包拿来。在这回里，凤姐第一次见小红。小红依照凤姐的意思办了事后，回来向凤姐汇报时，以其伶俐的口齿，清晰有条理的表达，一下子赢得了凤姐的赞赏和喜爱，并笑着对小红说："明儿你服侍我吧，我认你做干女儿了。"小红后来真的被王熙凤收了去，成了大观园中最有权力的主子的侍女。小红是一个聪明伶俐的女孩，但是在怡红院中一直被那些大丫头压着，无法施展自己的能力。然而，她能够抓住时机为王熙凤办事，并通过汇报工作，充分展示了自己的才能，得到了她的欣赏，从此改变了自己极其卑微的命运。

从小红的经历中不难看出，下属在向领导汇报时，清晰有条理的表达将会为其带来怎样的益处。

有些人对口头汇报不当回事，认为就是几句话的事情，将问题告诉领导就行。而下属在向领导汇报的时候，不仅要把事情交代清楚，可能还要简要地说明事情的经过，这时，就需要下属在表达上的条理性，如果下属在表达上不分轻重，东一句西一句，领导必须追问几次才能得到想要的答案，这无形中会让领导滋生烦躁的情绪，没有一个领导喜欢漫无边际、杂乱无章的汇报，所以，作为下属要用有条有理的语言，简单扼要地将问题在最短的时间内说清楚，这样才能节省领导的时间。要知道，每一个领导都是大忙人。

一天，张涛被领导吩咐去买一套书。张涛连着去了三家书店，都不凑巧，不是没货了，就是压根人家没进过这套书。从最后一家书店出来的时候，张涛看看已是晌午时分了，只好空着手回去向领导复命。匆匆忙忙回到公司后，连一口水都没顾得喝，张涛就直接去见了领导。见到领导后，他气喘吁吁地开始讲述买书的经过，他的讲述很详细，一个细节都没漏掉，包括他如何挤公交，如何寻找书店，又如何急匆匆地往回赶，最后才告诉领导说自己跑了三家书店，都没买到那套书。

领导听张涛说完，眉头紧皱，欲言又止，挥挥手示意张涛可以离开了。作为上级碰到这样办事的下属时，谁的心情也不会痛快，一个上午的时间就这样被他白白地浪费掉了。

汇报工作是门技术活儿

作为下属的张涛，本来办事就不得力，汇报工作时又没有重点，啰里巴唆，累没少受，话没少说，可是得到的结果却差强人意。这样的下属，想要得到领导的赏识是很难的。

那么，作为下属应该如何向上级做口头汇报呢？

首先，为汇报工作做好充足的准备。孔子说："工欲善其事，必先利其器。"一个人想要真正做好事情就需要做足准备工作，也就是大家常说的有备无患。在单位中，一个人能否顺利晋升、加薪，事业发展能否顺利，是由很多因素决定的。勤恳努力自然不可少，这就需要我们不断学习，通过学习提升自己的业务水平。一个对自己的业务非常熟悉的下属，在汇报工作前，又能做好充足的准备，那么，汇报时的表达一定能够做到条理清晰，将事情交代得清楚详细。

其次，在汇报问题时，要懂得轻重缓急，有次序，重要的事情先说，不重要的事情放在后面。还要先说结论。领导最想听的是结论，而不是你唠唠叨叨的那些铺垫，所以，证据要放在后面说。

在口头汇报工作时，语气、语言的使用也是很重要的。如果下属汇报工作时不懂措辞，不注重语气，就会给领导留下不好的印象，让领导感觉下属对工作没放在心上，只是敷衍了事而已。所以，下属在汇报工作时，要认真，让他觉得你是一个办事严谨、一丝不苟的好下属。

另外，在汇报工作时，尽量不要使用"也许""大概"等模棱两可的语言。领导不喜欢含含糊糊的回答，更希望得到准确的信息。因此，下属的"也许""大概"会让领导觉得他的工作没做到位，所以才会不清楚问题的实质，或者还认为下属的判断能力有问题，这样的汇报会让领导恼火。

口头汇报的确不是一件可以马虎的事情，而在工作中，经常会做这样的汇报，所以，作为一个下属，想要让自己的事业发展得更加顺利，一定要在这方面下工夫。平时要多锻炼自己的口头表达能力，对接收到的信息，要学会总结和分类。叙述问题时，必须做到详略得当，清晰流畅，条理分明。在用语上，要注意是否适宜、妥当。充足的准备，加上恰当的表达，对于这样的工作汇报，相信每一位领导都会满意。

生活中，常听一些人抱怨，汇报工作时，在领导那里碰了一鼻子灰。作为下属，抱怨是不明智的，应该认真分析一下问题出在哪里。事实上，很多时候是下属在汇报工作时做得不够好，才惹得上级不痛快。在口头汇报中，这样的问题更容易出现，因此，更要格外注意。

10. 提出问题，同时提出解决方案

如果在汇报工作时你只会提出问题，而没有准备解决问题的方案，那么你只能永远做下属，不会得到上级的重用。因为在上级心中你是一个没有能力的人。

所以在向上级汇报工作的时候，不仅要提出问题，还要提出解决方案。很多人不知道这个技巧，总是抱怨领导如何轻视自己，得到提拔的那个人永远都不是自己。可如果你是领导，你是喜欢对自己的工作有想法、遇事有决断的人，还是永远只知问问题不知道解决问题的人？答案显而易见。所以不要再抱怨领导不重用自己，关键是要学会为上级解决问题，这样上级才会看到你存在的价值，你才有晋升的可能。

出版过《把信送给加西亚》的著名作家阿尔伯特·哈伯德在24岁服兵役期间，曾为约翰·高尔文将军担任过特别助理。因为约翰·高尔文将军是驻巴拿马共和国的美国司令部司令，所以需要阿尔伯特处理的事情非常多，委派给他的任务也很繁重。这对于刚服兵役，刚刚接触这一领域的阿尔伯特来讲实在不是一件容易的事情。几天以后，当阿尔伯特再次向高尔文将军问关于任务的时间、地点、如何解决途

中的困难等一大堆的问题时，高尔文将军非常不耐烦，而且根本不给阿尔伯特继续说话的机会就冲他怒吼道："阿尔伯特，如果所有安排给你的任务，你都无法完成，有什么问题都要我来帮你解决，让我做你的工作，那我为什么要你这个特别助理？你有什么资格担任我的特别助理？中尉先生，你被撤职了！"

对于高尔文先生的盛怒阿尔伯特根本没有预料到，他顿时感到异常尴尬与无所适从。高尔文将军盯着不知所措的阿尔伯特继续高声喊道："中尉先生！不要把问题抛给我来解决，我要做的不是为你解决问题，而是要从你的方案中找到关于任务的可行性方案！"

阿尔伯特这才恍然大悟，感到高尔文先生的怒吼对自己来说无疑具有醍醐灌顶的效用。接下来的时间里，阿尔伯特终于学会了带着解决方案去向高尔文将军做相关的汇报，当他学会自己思考问题、解决问题的时候，高尔文先生终于对阿尔伯特感到满意了。

从阿尔伯特的例子中我们可以看到，上级不喜欢总是问"您告诉我接下来该怎么办"的无能下属，而钟情于询问"我这样做，您觉得满意吗"的有头脑、有能力的下属。所以，一定要带着方案、带着计划去面对上级。

在每次汇报工作之前，都要做认真、充分的准备，绝不能将汇报简单化。只有清楚地知道上级最需要从你这里了解什么，可能会从你这里了解什么，你才不会面对上级的疑问没有解决之法，手足无措。就算你的上级想要你汇报的内容只需要一张纸就能写下，你在准备的时候也要

‖汇报工作是门技术活儿

想好十张纸的内容去应对，以避免出现被上级问得张口结舌甚至哑口无言的情况；如果你没有做充分的准备就去向上级汇报，只会让上级对你的工作能力产生质疑，对你的工作态度产生不满。

在你的工作还没有彻底完成之前，下一步到底要怎样做，出现的问题要如何解决都需要你去思考，并给出相应的对策和解决方案。有很多下属面对上级交代的任务不能很好地完成，遇到困难就会去找上级，让上级对所出现的困难想办法、出对策、做安排，再继续按照上级的指示去执行，这样不仅拉低了自身的工作效率，而且对于你的工作成效来说也是不利的。一名优秀的下属要具备主动解决问题的意识，在任务还没有结果的时候主动提供可以解决问题的有效方案，让上级做出评判与选择。这样的做法是上级欣赏的，而且因为上级是在自己的方案之上做出的决策，执行起来效率高，对自己未来的成长也是大为有益的。

另外，在提方案的时候，不能仅仅局限于一个方案，因为上级看问题的角度与我们是不同的，而且一件事情也不可能只有一个解决方案，所以应该根据你的任务，再结合实际情况，准备出三个以上的备选方案来供上级遴选与采纳。只有这样上级才会知道你已经思考过、分析过所遇到的问题，而不是等待他来为你解决问题。方案中至少要包括最可行的、最冒险的、最可能失败的三个基本方案。而且，在对问题进行认真思考之后，要对你所提出的每个方案进行认真的分析，明确该方案到底会给公司带来哪些利弊与影响。只有对方案进行严谨的分析，才能保证你在向上级汇报时，将拟订方案的原因与根据等具体内容也同时汇报给上级，增加自己汇报的科学性，让上级对你所提出的问题有更深入的了解，以便在上级征询自己意见时能够给出最恰当的回答。

很多时候上级会对你的方案提出修改意见，此时一定要认真听、认真记，根据上级的意图对方案进行调整，再将调整后的方案汇报给上级，以获得上级的批准。

上级需要做的只是选择题而不是问答题，如果你想在上级面前找到自己的价值感与成就感，就要千方百计去解决问题，成为问题的"死敌"。当你提出的方案屡次被上级采纳时，相信你距离下次晋升已经不远了。

许多单位有"早请示晚汇报"的规定，有些人对此不太理解，认为这是上级对自己不信任、不尊重的表现。而事实并非如此，作为上级对工作的进展以及工作中出现的问题是需要及时掌握的，这样他才能对下一步的工作安排做出正确的部署。下属要站在领导的角度去考虑问题，学会主动请示汇报工作，并利用请示汇报这一环节，积极思考问题，向领导提出解决问题的建议，这样既体现了对领导的尊重，也给自己创造了展示才华的机会。

在职场上，下属对工作持怎样的态度，很大程度上，是上级通过直接接触获得的。而向领导请示汇报这一环节，正是下属展示自己工作态度和才华的机会。所以，下属一定要重视这一环节，要在工作中勤于思考，在汇报时带着解决问题的方案，提出自己的建议，而不是一味地依赖领导。

11. 巧妙捍卫自己的话语权

话语权是指你所说的话到底有没有分量，对他人来说有没有说服力和影响力。话语权在工作当中是非常重要的，有足够强大的话语权，才能够控制舆论。在汇报工作时，只有对自己的汇报有信心，捍卫了自己的话语权，上级才能重视你的汇报，对你的汇报有所期待。

在工作中，每个人都像选秀比赛中的选手，而上级就是那个权威的、能够影响选手去留的评委，拥有绝对的话语权。但工作又与选秀节目不同，因为在工作中，我们还对其他"选手"产生着影响，每个人都会对同事做出评判，与此同时，同事们也在时刻评判着我们。同样是评判，如果你的评判够权威，相较其他人的评判而言更具有影响力，那么你在这场竞争中获胜的几率就会增加，就比其他"选手"更具优势。也就是说，想要让自己变得重要，想要让自己的话语能够被所有人听见，就要努力培养自己的话语权，让自己在他人心中变成一个权威的人。

李开复在刚刚加入微软公司的时候，曾发生了一件影响他一生的事情。

李开复非常自信，这个特质是他身边的每个人都能够感受得到的，但只有他自己知道，一旦面对比尔·盖茨，他的自信就会倏然崩塌——这时他会变得紧张而不知所措，常常不知道应该说些什么才能打破僵局。在当时，如何让自己变得更自信，与比尔·盖茨能够正常沟通，曾深深地困扰着初出茅庐的他。

机会很快就来了，微软公司时常改组，这一次改组，比尔·盖茨召集了十多个下属进行了关于改组问题的讨论。十几个下属轮流发言，轮到李开复的时候，他大胆地说道："在微软公司，每一个下属都很出类拔萃，每一个下属的智商都可以笑傲群雄，但为什么有着如此多人才的微软，工作效率却是出奇的差呢？就是因为我们经常改组，刚刚磨合好的人际关系被改组打破，下属们不得不重新进行磨合，这种不考虑下属感受的做法正是我们效率低下的罪魁祸首。"

李开复话音一落，会议室的所有人都默默地看着他，包括比尔·盖茨。会后，很多同事从参会者的口中知道了李开复的发言内容，人们给李开复发电子邮件来表达他们对李开复自信而大胆的发言的钦佩和赞赏。后来，比尔·盖茨不但认真思考了李开复的话，而且接受了他的建议，并把李开复在会上的话引用到了董事会上。也正是李开复的大胆言论，改变了微软公司的企业文化，将微软公司从不断改组的怪圈中拉了出来。

此后，李开复在比尔·盖茨面前再也不会产生紧张情绪了，因为他知道，他与大家拥有了同样的高度，正是这份自信让他从此不再惧怕任何发言与演说，也是这份自信支撑着他创立了我学网，在风起云涌的网络市场中分得了一杯浓羹。

汇报工作是门技术活儿

　　现在的社会，是一个强调人际交往的互动型社会，仅仅凭借着努力做事就想在众多人才中脱颖而出已经很困难了，只有那些敢于说话，敢于将自己的不同见解大声地宣告给世界的人，才能够赢得他人的关注与认同。培养并尊重自己的话语权，通过言谈举止潜移默化地影响同事，乃至上级领导，才能更快地出人头地。也唯有这样，你才能在刀光剑影的职场中为自己谋到一个立足之地。

　　那么，我们要如何增强信心，捍卫自己的话语权呢？

　　首先要不断地给自己心理暗示，对自己说："我行！我可以！"就像奥巴马征服美国时所用的那句名言："Yes，we can！"积极地争取可以表现自我的机会，在会议上主动承担上级领导想要着手解决的难题，真诚地帮助同事出谋划策，为达到更好的效果而共同奋斗，这些行为都会使你的内心产生变化，让你更积极、更醒目，而他人对你也会越发关注、越发信任。

　　其次，用行动来展示你的自信。昂首挺胸地走路会让你气场十足。一个昂首阔步、生机勃勃的人与缩头缩脑、死气沉沉的人相比，无疑更容易受到人们的尊重与欢迎。不仅如此，你的外在所展现出来的自信会强化你的内心，使你建立起良好的自我认定，从而让你的言谈更为从容有力。

　　形体上所流露出来的自信是一种全方位的整体效应。你优雅的站姿，坚定的眼神，专注的神情，微笑的嘴角都会告诉他人你是一个自信的人。在与人交流时，站如一棵松会显示出你的人格尊严。况且，挺胸直立的仪态也是尊重他人的表现。如果用颓废的样子面对他人，不仅会让自己看起来无精打采，毫无活力，也会让他人感到索然无趣。在沟通中，要注意和对方的眼神交流，谈话期间要适时地直视对方，用转动视线来告诉对方你正在思考或者给对方提供一个继续表达的机会，这样能够加强沟通效果，使对话有效进行。在交谈中，无论是直愣愣地看着对方不做任何反应还是无视对方都是非常无礼的表现。这些行为不仅会显示出你在交流时的漫不经心，还会暴露出你的不自信，因为你连看对方一眼的勇气都没有。因此，不要继续用消极的形体姿态去与他人交流了，这不仅会影响到你的自信，还会让他人厌倦与你交流，弱化你在他人心中的形象，使你的话语权大幅度下降。

最后，有了内在信心的支撑，有了外在形体的支持，此刻的你就要学会勇敢地发声了。言谈是否合理、有逻辑，表达是否生动、有活力是衡量一个人思维能力与表达能力的标准，同时，一个人是否具备出众的思维能力与表达能力也决定了他在众多人才中是否具有核心竞争力。更重要的是，良好的语言能力能够大幅度地提升一个人的自信心。清楚、流畅地表达出自己的想法与要求不仅向他人表明了你坚定的信心，与此同时，你自信满满的话语也会感染他人，让人们重视你、相信你。

所以，要勇敢地发声，无论你是在与一个人讲话，还是同一群人讲话，无论对方流露出来的态度是赞赏还是鄙夷，是肯定还是嘲笑，都要勇敢地将自己的想法干脆、肯定地表达出来。一直这样坚持下去，你的行为最终定会感染对方、说服对方。

12. 用惊艳的提案震撼你的领导

想要脱颖而出，就要有脱颖而出的能力和实力。在工作中，这种能力与实力体现在你用何种方法与途径去解决遇到的困难与障碍上。拿着一份独特而惊艳的方案敲响上级领导的办公室之门，也就意味着你同时敲响了自己成功的大门。

我们现在来做一个切苹果的游戏：

假设要求你切开面前的苹果，你会选择什么方向？什么角度？

也许你会惯性地一刀切下去，将苹果成功地切成两半。可是这与其他人切的苹果有什么不同，恐怕你自己也说不出。

吃了很多年的苹果，但很少有人发现，苹果中其实藏着一个星星。如果换一种切法，将苹果横放在桌上，稳定之后将苹果拦腰切开，你就会在苹果的正中心看到一个清晰的五角星图案，想要发现这个美丽的秘密不过只需要我们在切苹果的时候换一种切法而已。

当你向上级领导汇报工作的时候，不妨也用这种"横切苹果"的方法来让自己的提案显得与众不同，这样的提案一定会惊艳你的上级，让他对你"百依百顺"。

有一家非常著名的牙膏生产公司，其牙膏品质优良，口味清新，包装又很精美，所以消费者很喜欢它。由于消费者的推崇，其营业额一直呈现递增之势。但这种增长只持续了十年，到了第十一年，由于市场饱和，其营业额的增长出现了停滞现象。第十二年、第十三年的情况依旧如此。这让公司总裁很是不满，于是将全国的经理都召集到一起，召开高层会议商讨此事。

会议刚开始，总裁就提出了他的允诺：哪位经理能够想到好计策使公司的产品卖得更好，公司的业绩变得更高，就给他奖金五十万元。

众位经理绞尽脑汁地思考之后，都提出了自己的见解，但都被总裁不耐烦地否定了。这时，一位一直保持沉默的年轻经理突然走到总裁身边，交给他一张字条，总裁看完字条后，一直皱着的眉头终于舒展开来，当即给这位年轻的经理签下了一张五十万元的支票。

纸条上的字不多，只有寥寥八个字——将管口扩大一毫米。

是啊，人们每次刷牙的时候，挤出牙膏的长度由于自身的习惯问题，基本都不会有多大的变化，但牙膏是立体的，如果无法改变长度，那就设法改变它的宽度！将牙膏管的管口拓宽，即使只是一毫米，由于用的人数多，每天多挤出的牙膏量所创造的利润也是非常可观的。

公司立即更换了包装，在第二年年底公司统计营业额的时候，销售数字终于出现了变化，而且是非常大的变化——这一个一毫米的变化，为公司提升了近百分之五十的营业额。

汇报工作是门技术活儿

在增加产品销量方面，已经和销售打了多年交道的老经理们总是陷在开发更多的市场与笼络更多的客户中出不来，他们的思维已经被多年的经验和历来的常规锁住，提出的方案不够创新与大胆，只能是老生常谈。但这位年轻的经理却不走寻常路，既然改变不了顾客，那就设法改变产品。这一思路的转变，增加了客户对牙膏的消费数量，消费数量的增加自然带动了公司营业额的提升，从而达到了上级领导所期望的销售目标。

显然，换一种思路，就能开辟一片新天地。只是小小一毫米的变化，却给公司带来了巨大的利润。而在这其中也蕴含着汇报的技巧——换一种汇报思路，在汇报工作时用"横切苹果"的方法来惊艳你的上级领导。

日本东京有一家咖啡店，喝过这家店咖啡的人都觉得咖啡很醇，很浓。殊不知，这只是店主利用了人们的视觉误差，更换了咖啡杯而已。其实，就咖啡本身而言这家店的咖啡与其他咖啡店的咖啡并没有什么本质上的不同。

在换咖啡杯之前，店主曾做过这样一个实验：他先是叫来30多位好朋友，并为每位好朋友提供了4杯浓度相同的咖啡，但每个盛放咖啡的杯子颜色都不相同，有黄色、咖啡色、青色和红色。

朋友饮用咖啡后，对同样浓度的咖啡却有不同的感受。他们认为：黄色杯子中的咖啡不浓也不淡，处于刚刚好的状态；青色杯子中的咖啡很淡，显得咖啡不醇香；咖啡色与红色杯子中的咖啡则极其浓郁，而且大部分朋友认为，红色杯子要比咖啡色杯子中的咖啡还要浓郁、香醇。

就这样，咖啡店店主将店内所有的咖啡杯都换成了红色。此举使这家咖啡店的顾客越来越多，越来越有名气。

一毫米的改变，可以让牙膏厂的营业额上升近百分之五十；一种颜色的改变，可以让一个无名的咖啡店，生意蒸蒸日上。可见，越是细微的、没人注意的细节就越潜伏着关键的线索。而在向上级汇报工作之前，用心观察、思考细枝末节，就能让自己的提案达到震撼上级眼球的目的，如此一来，"金牌下属"非你莫属。

chapter 5

避免陷入汇报工作的误区

　　下属向上级汇报工作时存在很多误区，如果不能掌握正确的汇报方式及汇报技巧，就很可能会使自己的汇报陷入误区之中，给领导留下非常不好的印象。在汇报工作时，汇报内容一定不能太简单，没有结论也没有分析听起来会非常单薄，可适度添加一些数据分析来支持自己的论述。同时切忌在汇报时长篇大论，侃侃而谈，却因抓不住重点，致使汇报内容显得条理不清晰，逻辑混乱。而有些下属汇报工作时满口专业术语，他们以为这样做可以显示自己的工作能力，其实这只会错误地拉开自己与领导间的距离。有些下属在汇报前准备工作做得不细，汇报工作时领导问一句，下属答一句。一些性格直爽的下属在与领导沟通时容易发生争执，挑战领导的权威，这是职场大忌，定会影响自己的职业前程。

　　那些喜欢贬低他人工作，做事凭主观臆断，以及试图逃避责任而隐瞒汇报内容的下属都是得不到领导的喜欢和重用的。

　　正确的汇报方式可以为下属的工作能力加分。千万不要忽视汇报工作的方式与作用，因为这是下属与领导沟通的最有效渠道。下属应该充分重视、利用每一次汇报工作的机会，提升领导对自己的信任和赏识度。

1. 汇报内容太简单，没有结论也没有分析

有的下属汇报工作时，为了不给领导增加烦恼，汇报内容通常都是简简单单的几句话，甚至在工作中遇到的一些难题，也被匆匆带过。这类下属很容易给领导留下工作不细心、分不清主次、不会汇报工作等不良印象。

王静大学毕业后进入一家中外合资物流企业做行政助理。她工作认真，性格开朗，深受同事们的喜爱。但是令她苦恼的是，无论自己怎样努力工作，都得不到自己的直接上级——行政总监的肯定。原来，每周一王静都要向行政总监汇报过去一周工作上遇到的问题，以及未来一周的工作计划。每次为了不给领导添烦恼，很多上一周发生的问题她都"避重就轻"地用几句话浅浅带过。长此以往，就给领导留下了不善于总结、工作不细心的印象。领导也因为此事经常在同事面前批评她，这使她感到非常委屈。以至于每周一汇报工作的时候，她都提心吊胆，很多话到了嘴边，但是害怕一句话说错又惹得领导不高兴，索性就越说越少、越说越简单。

王静满腹委屈地向同学李东诉说此事，李东听她说完后，微微一笑，说道："看来是你汇报工作的方式出了问题。"见王静不解，李东继续说道："你出于好心把工作简单地汇报几句，殊不知，领导想要听的反而是详细的工作汇报。当然，所谓详细，也不能过于啰嗦，你可以挑一些有代表性的工作，把工作内容做成分析表格或者数据对比的形式，简单给领导汇报一下，只要你的数据足够清晰，再配合合理的解释，领导听后自然会满意。"

"可是，我害怕汇报的工作内容太多，领导会反感。"王静说。

李东摇摇头说："不会的，但你在汇报时要有条理一些。要善于总结工作中遇到的问题，并把问题罗列出来，让领导看到你有时刻分析、总结的习惯。那些无关紧要的小事情尽量不要在汇报的时候提出来，因为那样会让领导对你产生一种邀功或者分不清工作主次的印象。"

听完李东的话，王静仔细地反省了一下自己之前汇报工作时的表现，确实存在很多不足。按照李东说的王静开始认真准备下一次工作汇报。

又一个周一早晨，王静轻轻地叩开行政总监的门，按照提前准备好的内容，以上周公司发生的一起案件为切入点，介绍了事情发生的原因以及最后的处理结果，并提供了两份数据材料做支撑。这次，行政总监看完后，满意地点点头……

一年以后，王静因为出色的工作能力，被提升为行政副总监。

汇报工作是门技术活儿

在上述案例中不难看出，王静因为改变了自己汇报工作的方式而博得了领导的青睐。那么向领导汇报工作时，要注意哪些问题呢？

（1）做好汇报前的准备工作。在向领导汇报工作之前，应事先将所要汇报的工作内容仔细梳理一遍。有文件材料的，要反复斟酌，做到心中有数；没有文件材料的，更需要仔细思考，并打好腹稿，以便于分清主次。提前做好准备工作就可以防止在汇报工作时，因为紧张或者其他原因出现忘词、结巴等为汇报工作减分的失礼行为。

（2）汇报工作要讲究方式，切勿太过简单。向领导汇报工作时，要用简洁的语言概括汇报内容，以便于领导在最短时间内知晓事件的前因后果和轻重缓急，并在第一时间对问题有一个大致的了解。当然，在向领导汇报工作时，一些关键环节和具体细节，要详细、准确地表述出来。必要时，可借助数据分析、表格等支持自己所说的内容。

简洁不等于简单，切忌将汇报内容说得过于简单，如，××事情过去了，我们已经处理完了，或者鉴于××下属在这次事件中的突出表现，此事才得以解决，等等。上述例子只是汇报事件的处理结果。正确的汇报方式是：在汇报完处理结果后，解释说明一下事件的过程以及对此件事的分析、总结等。

（3）讲究汇报工作的技巧。汇报时间的选择很重要。如果是定期某天某时汇报工作，那就会有一定的准备时间，可找出几件有代表性的事件进行准备和分析。但切勿将所有工作一股脑地全都汇报给领导，因为那很容易使领导产生混沌感，而且会对你的工作能力产生质疑。

如果没有特定的时间，随时都可以向领导汇报工作的话，在时间的选择上也有一个小窍门：心理学家分析得知，每周二上午10点左右汇报工作要比其他时间更为适宜，因为经过周一一天的忙碌领导已处理完那些紧急工作，情绪比较放松，此时向其汇报工作是很容易得到领导认可的。

当然，汇报工作也是讲究时效性的，及时地向领导汇报工作可以很好地体现个人的工作能力。完成一件棘手的工作后，可以立即找领导汇报此事，虚心地向领导请教，这会让领导十分受用，此时与领导沟通的效果也最好。如果拖延时间后再向领导汇报，领导很可能已经失去了对这件事情的兴趣，迟来的汇报容易产生画蛇添足之嫌。及时地向领导汇报工作情况，可以使下属与领导建立起良好的互信关系，领导主动地对下属的工作进行指导，从而帮助下属提高工作能力。

2. 长篇大论，汇报工作抓不住重点

汇报工作时切忌出现长篇大论、喋喋不休的状况。领导每天面对很多工作，你一上来就讲出一大堆可有可无的话，会使领导逐渐失去耐心，如果等到领导不耐烦地说："说得简单点儿。"你再把重点内容说出来，这次汇报基本就算失败了。

向领导汇报工作时，长篇大论，抓不住重点，会使领导对下属产生这人太啰嗦、做事不利索等不良印象。可以在汇报前，将汇报重点仔细整理出来，按主次顺序排好，在汇报工作时，可按领导空闲时间的多少，灵活地调整汇报内容。提前梳理汇报内容的做法既可以避免疏漏，也便于下属在脑海中形成主次意识，所以按照这种方式汇报工作的效率是非常高的。

某公司的例行季会上，领导让销售部总监王伟总结一下过去一周销售部的表现及所遇到的问题。得知被领导点名发言，王伟既兴奋又紧张，为了凸显自己对这次发言的重视，王伟洋洋洒洒写了近6页的演讲稿，可谓志在必得。他的演讲内容如下：

"感谢领导对我们销售部的关心，下面我简单总结一下过去一周

销售部取得的成绩及所遇到的问题，如果我总结得不够完善，还请各位销售部的同仁指出、补充。如有表达不清晰的地方希望公司其他同仁海涵……过去一周，我们销售部取得了非常棒的业绩，尤其是×××，在工作中付出了很多心血……"

他兴致高昂地把自己的下属挨个表扬了一遍，几分钟过去了，他才开始慢慢总结销售部遇到的一些问题，但他显然对问题不够重视，讲到公司最近闹得沸沸扬扬的一个客户投诉案，他说："对于××公司的案子，客户的要求翻来覆去不断变动，我们也不好控制……"

接下来的时间里，他开始就投诉案仔细评说，多以抱怨、批评为主。在他讲了5分钟左右的时候，他的汇报被领导愤怒的声音打断了，领导拂袖而去，他则一脸茫然……

后来王伟私下找了几位当天参加会议的同事，大家无一例外觉得他的演讲内容有问题，寒暄的内容过多，表扬下属的时间过长。最重要的一点是：他把客户投诉案解释得风轻云淡，并未反思这件事发生的原因，而是一味地批评、抱怨，这不禁会给领导留下推卸责任、毫无责任心的印象……

王伟听后撇撇嘴反驳道："可是我说的都是事实啊，领导就是不爱听，我有什么办法……"

王伟的工作能力因为这次汇报受到了领导的质疑，一段时间后他就被辞退了。

显然，王伟就犯了"长篇大论，汇报工作抓不住重点"的错误。

汇报工作是门技术活儿

在发言前，他显然做了充足的准备，却败在了汇报内容上。在领导看来，他所汇报的内容是可有可无的，完全不是工作重点。而在面对重点议题——××公司投诉案时，他反而轻描淡写地几句话带过，还对此发表了无休止的抱怨……所以最终才会落得一个被辞退的下场。

所以在汇报工作时，一定要讲究技巧，以下几点更应作为汇报工作的重点：

（1）明确目的。汇报工作前一定要明确此次汇报的目的是什么。可以说，这个问题明确了，你的汇报也就成功一半了。有些下属之所以汇报工作时搞得一团糟，关键在于其目的性不明确，准备的材料杂乱无章，让人听了很久却不知道他表达的意思是什么。并不是准备的材料越多越好，一定要注意汇报工作的目的性，所准备的材料要起到辅助汇报的作用，而不是打乱汇报内容。

（2）抓住重点。根据汇报工作的目的来选择重点内容，找准切入点。有的下属其实非常重视汇报工作，总想趁机把自己的所有工作都一股脑地汇报出来，惟恐领导对自己"知之甚少"，从而降低了自己在领导心中的位置。但过多、过于琐碎的汇报内容只会使领导产生邀功、分不清主次的不良印象。

所谓抓住重点是指，要了解领导最想听、最关心的是什么。最完美的表现就是：领导想要强调的事，你已经提前做到位了，或者领导想说的话，你已经提前说出来了。这会让领导对你产生一种"知己"的美好感觉，从而提高领导对你工作能力的肯定。

（3）少说废话。根据汇报工作的要求和重点，事先对汇报内容进行认真的准备，最好形成文字材料，以便发言时重点内容一目了然。而且，在汇报工作时要尽量做到每句话都有分量，语速适度，表达得体，既不啰唆，也不过于精简，让领导听后产生一种新鲜感和认同感。

另外，需要注意的是，要懂得察言观色，汇报工作时遇到领导感兴趣的话题，可视情况多汇报一些；遇到领导不想听的内容，特别是领导已经熟悉的情况，要尽量少汇报或者不汇报，以避免领导产生反感情绪。

3. 满口专业术语

很多下属喜欢在报告上添加一些专业术语来提高自己报告的"含金量"，殊不知这是一种非常不明智的行为。因为对于领导来说，他不可能对每个部门都清楚，专业术语出现的次数越多，越会引起领导的不满。通常情况下，领导会在第一个专业术语出现时，就在心底反复琢磨：这个词是什么意思？因而忽略掉你所汇报的内容。所以，在汇报工作时，切忌使用过多的专业术语，要尽量让自己的报告通俗易懂。如果不得不使用专业术语，可在提出术语后解释说明一下。

张州是一家大型广告公司的副总，他年纪轻轻，能力高，深受领导的器重。可是最近一段时间张州发现，领导对他冷落了许多，反而特别器重公司另一位副总潘阳，无论大小会议，都安排潘阳发言。张州很不理解领导的举措。一番深思熟虑后，张州猛然想起了引发这种情况的根源——那次失败的报告会。

原来，月初张州所在的部门接到了一家跨国企业的合作意向，合作公司提供了多达16页的"注意事项"要求张州所在的公司必须悉数落实。接到这单生意后，张州废寝忘食地钻研对方提出的"注意事项"，因为里面存在很多专业名词。起初，张州完全摸不着头脑，经过一段时间的了解、钻研，他终于搞懂了这16页的"注意事项"。在向领导汇报工作时，张州拿着这份"注意事项"以专业的口吻向领导逐一解释。他兴致盎然地讲了近1个小时，完全没有注意领导的脸色已经从最初的一脸茫然变成了不耐烦，当他解说完后，领导只说了一句"你真专业"就起身离开了。

这单生意最终很好地完成了预期的所有要求，领导却没有对张州提出夸赞，只是淡淡地说了一句"辛苦了"。也就是从那时开始，领导很少让张州发言，多数机会都给了潘阳。张州此时恍然意识到，可能就是自己"专业"的汇报方式，招致了领导的抵触。他仔细留意了一下潘阳的汇报内容，虽然也会存在一些专业术语，但在每提出一个专业术语后，他都会进行解释说明，让听者听起来毫无陌生感。

事后，张州对自己的汇报方式进行了"整改"，与他的口头汇报内容同步——人手一份书面材料，底下工工整整地对应着相应的名词解释。在张州再次汇报工作时他在领导的脸上看到了久违的笑容。

在这个案例中，张州在一次汇报中，因为引用了大量的专业名词招致了领导的冷落。试想一下，如果我们是领导，下属在向我们汇报工作时，满口专业术语且不加解释，我们是不是会以一种"门外汉"的尴尬身份来听取汇报？

想要避免这种尴尬局面的产生，我们应该注意以下几点：

（1）汇报前仔细斟酌汇报内容。一般情况下，可以在汇报工作前，把自己要汇报的内容整理成文字材料。然后以听者的角度来斟酌汇报内容，看看自己是否在不经意间，加入了大量的专业术语，如果可以避免，就尽量不要使用专业术语。不得不使用时，可在口头汇报时，把专业术语进行解释，还可以把汇报内容打成文字稿，在纸稿上注明并解释所涉及的专业术语。

（2）切勿使专业名词产生陌生感。很多下属都有一个错误意识：以为自己的汇报内容中出现的专业名词越多，就越能体现自己的专业性。其实这是错误的，对一些领导来说，专业名词使用过多，会拉开下属与领导间的距离。汇报工作的目的是让领导了解下属的工作情况，如果专业术语出现得过多，就会使领导产生陌生感。领导对下属的工作内容感到陌生，就不能切身感受到下属的能力以及为工作付出的努力。所以，这种汇报方式很容易使下属与领导间产生误解。

（3）避免卖弄之嫌。很多下属试图借专业术语来增加自己工作的"含金量"。虽然适当使用专业术语且进行恰当解释，领导是可以接受并产生认知的，但如果没有妥善处理好专业术语与领导之间的关系，反而会给领导留下卖弄、不谦虚的印象。这非常不利于下属在企业中的发展。

（4）让领导避免"门外汉"的尴尬。如果领导在听取汇报时，满耳听到的都是专业术语，汇报者又不加以解释，很容易使领导产生一种自己是"门外汉"的尴尬错觉。长期如此，为了避免心理上的不自信，领导会下意识地逃避和这类下属的正面交流，转而把更多的工作机会交给那些能让自己感受到尊重的下属。所以，有些"专业"的下属通常会因为一场"专业"的报告而被领导打入"冷宫"。

4. 汇报工作像挤牙膏，领导问一句，说一句

所谓"挤牙膏式"的汇报方式是指有些下属在汇报工作时，总是领导问一句，自己回答一句。领导需要处理的事情很多，不能亲自督促公司每个部门的运作，此时他需要在各部门下属的汇报中，听到他所关心的内容。如果在汇报工作时，下属不能抓住领导关注的点，等到领导将所关心的问题逐一问出，下属又不能及时做出解答，就会给领导留下分不清主次、条理混乱、工作能力低下等不良印象。所以，在汇报工作时，一定要主动汇报领导关心的问题，这样才不会陷入"挤牙膏式"的汇报误区。

李强和王伟是大学同学，大学毕业后进入同一家公司，两人工作能力相当，可是王伟却先李强一步得到了晋升的机会。李强对此非常不理解，他自认为论资质、论能力二人不相上下，不知领导为何单单升了王伟的职。一次聚会，李强趁着酒意向领导询问。领导想了一下说："我给你讲一个真实的事吧。2014年×月×日，公司急需一批西红柿，我叫你和王伟同时去菜市场寻找西红柿供应商，看看是否

‖汇报工作是门技术活儿

有可以一次性提供1000公斤西红柿的商贩，你比王伟先回来，回答我'有'。我问你价格是多少，你回答我：'没有问，只是按照您的指示寻找了一个可以一次性提供1000公斤西红柿的商贩。'后来你返回市场继续询问，很快回来回答我：'1.5元/公斤。'我问你最快何时能交货，你一脸茫然地对我说：'我没有问，我只是按照您的指示去询问了一下价格。'这时，王伟也回来了，他向我汇报了西红柿的价格、产地，以及最快的交货时间等相关信息。

"而事实上，我对你们两个布置的工作是一样的，你完成了我'指示'给你的工作，但显然你只是完成了一部分工作。而王伟在我的授意下，把市场调研做得非常完善，而且很精准。你们两个做同样的工作，却做出了不同的工作成果。王伟的工作方式是，以我布置的工作内容为基础，再发挥想象，从而将工作做得更加完善。而你的工作方式则更侧重于'挤牙膏式'，即我布置一点，你执行一点。"

李强听了领导的话，陷入沉思中。

显然，李强犯了职场中的大忌——以"挤牙膏式"的方法向领导汇报工作。在讲究主动性、创新性的今天，下属要想在职场中保持优势地位，就要站在领导的高度来要求自己，不能像案例中的李强那样，表面看，他完成了领导交办的工作，可是仔细想来，他并没有理解领导的初衷。换句话而言，他所做的工作，在领导看来是毫无意义的。如果一个下属在工作中可以做到比领导更努力、更积极主动，这样的人肯定会被委以重任。那么，在汇报工作时，该如何做，才可以避免陷入"挤牙膏式"的汇报误区呢?

(1) 勤汇报很重要。在我们的日常工作中,每个人最好都养成及时向领导汇报工作的好习惯,让领导及时了解我们在工作过程中进行到了什么地步,解决了哪些困难,领导交代的任务是否已经完成。不要等工作做完了,或是在执行过程中遇到大问题才向领导反映。也不要按照自己的理解把有些汇报内容忽略掉,如果领导恰好对这些内容感兴趣,就会出现领导问一句,下属回答一句的现象。如此一来,下属最容易给领导留下工作目的不明确、做事没有计划性等不良印象。

(2) 汇报前细准备。最好提前做好准备工作,把重点内容牢牢记住。在向领导汇报工作时,先讲重点内容,碰到领导感兴趣的话题,可多汇报一些相关内容,让领导感受到你对工作的娴熟。这样一来,领导在内心深处会对你的工作能力大加赞赏。

(3) 善于思考,了解领导的初衷。有些下属就做领导交代的工作,完全不理解领导分配任务的初衷。其实对领导来说,他在向每位下属布置工作时,都是带有目的性的。比如:"我们公司急需一批西红柿,你去市场上看看价格。"这句话表面看来,是叫下属询问一下西红柿的价格,其实领导的目的性很明确——急需购买一批西红柿。也就是说,领导布置这项工作的目的是购买西红柿,而绝不单单是询问西红柿的价格。聪明的下属会根据领导的需求,仔细斟酌,将西红柿的相关采购信息悉数汇报给领导。而那些不善于开动脑筋的下属就会出现领导布置一项工作,他去执行一项工作的现象。这类下属通常是不会被领导委以重任的。

5. 与领导争辩，挑战领导的权威

一般而言，领导在潜意识里都有着区别于下属的优越感和自信心，同时也具有非常强烈的尊严感。在行使自己权力、下达工作指示的时候，领导喜欢下属能尽可能无条件地执行自己的命令。可以说，这是企业管理运作的基本特征，也是领导维护权威的集中体现。

如果下属在言语上顶撞了领导，无异于在挑衅他的尊严和权威，这种行为势必激起领导的反感与厌恶，情节严重的会使这位领导视该下属为敌。而当领导开始对某位下属心怀敌意时，该下属的日子一般都不会好过。从另一方面说，顶撞领导的行为，本身也是欠思考、不够成熟的表现，为今后的个人发展制造障碍，使自己的职场之路障碍重重。

田林是一个性格耿直、个性爽朗的北方汉子，他所在的公司是一家日资企业，他的直接上级刘云是一个上海男人，性格细腻。田林平时为人幽默风趣，工作认真积极，深受大家的喜爱。

有一天刘云从外面气冲冲地回到公司，原来是一个客户，钻了刘云谈判中的一个漏洞，将付款的时间推迟了2个月，刘云因为这件事被领导狠狠地责骂了一顿。他回到自己负责的小组，正巧看到大家懒懒散散、毫无工作激情的样子，此时田林也因为提前完成了工作而躲在一旁看报纸，刘云顿时把在领导和客户那里受的气一股脑地发泄在了所有下属的身上。被批评的下属大都低垂着脑袋听着领导的"教诲"，唯有田林的倔脾气上来了，他认为自己已经完成工作了，看一下报纸无关紧要，所以就大声和刘云争辩起来……

田林很快就忘记了这件事。而不久之后，和田林一向交好的张鹏突然被提拔为部门负责人。田林因此心中很是不痛快——他不能理解自己的工作能力和张鹏不相上下，而且自己比张鹏来公司的时间还要早，为什么被提拔的会是张鹏而不是自己？后来田林私下向同事了解到，他没被提拔的原因与那次跟领导争辩有直接关系。

一直以来田林工作尽心尽力，但是由于他性子太直了，平常有什么自认为不合理的事儿都会直接说出来，并且多次当面顶撞了领导。虽然领导当时没有表现出太大的反应，但已将他的"恶行"全部记在了心里。而在能力和贡献都差不多的下属间，领导自然优先提拔那些不顶撞自己、不事事与自己争辩的下属了。

田林没有被上级提拔并不是因为他的工作能力不够，而是因为他不知道该如何正确地与上级相处——数次顶撞之后，被上级记恨，最终影响了自己的发展前程。其实职场是一个看似很简单，实际非常复杂的"小社会"。有时你与同事和领导间表面看起来很平静，但其实下面已经暗藏了许多"礁石"。特别是在与领导沟通时，切忌贸然顶撞他。即使有时领导看似无理取闹，但多数情况下，是因为领导的压力太大。也许，领导这样做显得很没有风度，但作为下属，权当是帮助领导释放压力了。在这种情况下，下属切勿试图与他争辩——顶撞了领导，在争吵中占了上风，反而可能影响你的前程。那么，为了避免与领导发生不愉快，下属应该如何做呢？

（1）明确自己的位置。在工作中要明确领导与自己各自所处的位置。当受到领导批评时，要虚心接受领导的教诲，切忌当面顶撞。如果领导所说的话确实有不妥当的地方，可以换个时间再向他提出，不要一味地试图在"火药味"浓烈的情况下与领导继续争辩下去。面对脾气暴躁的领导，下属就更要表现得温和一些。因为对于这种类型的领导来说，你与他争辩就是在质疑他的能力，这种行为是最不能被他们所接受的，后果也就可想而知了。如果对领导的话存在质疑，且确保自己准确无误的情况下，你可选择在事后以一种温和的方式告知他。这样一来，领导也许会在潜意识中对你产生歉疚或感激之意，说不定在日后还会因此而施惠于你。

（2）不要较真，寸理不让。受到领导批评时，很多急性子的人喜欢反复争辩，希望与领导间弄个一清二楚。其实，这是非常没有必要的。如果自己真的被领导误解了，可在事后私下里寻个机会适当地向其解释一下。但切记点到为止，不可纠缠不休。即使"冤情"陈述完之后，领导依然没有为你"平反昭雪"，也不要继续计较下去了。因为那些凡事斤斤计较的下属，是最让领导头疼的。你仔细想想，一个让领导精疲力尽的下属，怎么可能会得到晋升的机会呢？

（3）顶，也要有底线。有句话说："不会顶撞上级的下属，一定不会是一个好下属。"因为上级也是人，也会有出错的时候。但是，顶得上级勃然大怒，顶得手里工作没有办法进行，甚至把自己的饭碗都顶没了，是不是就得不偿失了呢？在"顶撞"这门学问里，最重要的是要讲究一个"度"，即做事要有个底线。在顶撞自己的上级时，要清楚地知道顶到什么程度就可以了，不要一而再、再而三地顶撞上级，那样反而会适得其反。

此外，在顶撞的次数上也要有底线。道格拉斯·麦克阿瑟将军在身担远东美军总司令和"联合国军"总司令要职期间，与总统杜鲁门一直不合，两人的意见总是存在严重分歧，为此常常发生激烈争执。麦克阿瑟将军多次公开地顶撞、质疑杜鲁门总统的决定。最终，杜鲁门总统忍无可忍，罢免了麦克阿瑟将军总司令的职务，从而结束了二人无休止的冲突与争执。

当你想要冒犯自己的领导时，一定要清楚地知道领导的忍耐底线在哪里。一旦超越了这个底线，你就有可能会让领导很难堪。如果领导难堪了，他会让你好过吗？

（4）合理地向领导提意见。下属在与上级直接接触时，要保持起码的尊重。即使发现上级的决定有错误，也要注意自己表达意见的方式，切忌对上级的指示流露出不屑一顾的神色。一般来说，只有在上级感受到下属对自己绝对尊重的前提下，才可能平心静气地去考虑下属的意见。因此，下属在表达意见时，要注意表达的分寸，要使用较为委婉、谦虚的语气，避免绝对化、极端化的表述方式。当然也要选择一个恰当的时机，根据上级的性格特点、兴趣爱好、做事风格等因素，随机而动，避免撞在"枪口"上，以至于功亏一篑。

　　作为下属，如果能超脱个人利害，处处以公司为大局，真心实意地为工作着想，也为上级着想，相信所提意见最终还是能够得到上级的理解与支持的。

6. 贬低他人工作，打"小报告"

大家在工作中基本都会遇到不喜欢自己的同事去领导那里打"小报告"的情况。很多人面对这种情况会怒气冲天，万分痛恨打"小报告"之人。其实大家应该以豁达的心态来面对这种不良行为的挑战。

通常来说，被打"小报告"的往往是工作能力相对突出，整体而言相对优秀的下属。因招致某些同事的嫉妒，才被打了"小报告"。从这个角度来看，被打"小报告"的下属相比那些打"小报告"的下属工作能力更具优势，心态也应该更加坦然。一旦发现并感受到你的不在乎，得知你并未对他进行报复时，他很可能会因为内疚或者羞愧而终止这种无趣的行为。

姚晶晶工作出色，经常受到领导的表扬。同事李静对姚晶晶很不服气。多次向领导打姚晶晶的小报告，添油加醋地贬低姚晶晶的工作能力。姚晶晶对此事略有耳闻，但从未直接表露过声色。只是暗中对工作更加认真、仔细。有一次，姚晶晶要向领导汇报工作，正要敲门进去，就听见里面传来李静的声音，李静正在跟领导诉说姚晶晶的"恶行"。姚晶晶发现李静虽然有些话说得过于夸张，但她提到的那些不足，是自己真实存在的缺点。此外，还有一些是因为不了解姚晶晶的工作规律而对她产生的不良印象。

姚晶晶按照李静所说的重新审视了自己，逐渐摒弃了那些缺点。改正缺点后的姚晶晶工作能力得到了很大提高，也越来越得到领导的器重。后来，姚晶晶单独找到李静，真诚地向她表示了感谢，也把两人之间的误会彻底解开了。李静终于醒悟，觉得自己以前不止一次地诋毁姚晶晶实在是太不应该了。

后来李静再也没有说过姚晶晶的坏话，而且二人成为了工作上的完美搭档。

姚晶晶对李静打"小报告"一事表现出了极大的克制和宽容。她拿出闻过则喜的气度，选择了最明智的解决方法——悉心听取李静的意见并加以改正。其实，在同事打自己"小报告"的时候，要冷静下来想一想，同事所说的是否属实？要本着"有则改之，无则加勉"的认真态度，及时调整自己的行为。如果"小报告"的内容不属实，也不要怒气冲天，可以私下向不满意自己的同事了解一下事情的原委，有误会的地方要当面解释说明，用包容的心态去对待打"小报告"的同事，这样不仅可以提高个人的工作能力，还可以在同事和领导面前留下谦虚、大度的美好印象。

那么在工作中，如果真的遇见打"小报告"的同事，我们应该怎么办呢？

（1）摆正心态。如果同事向领导打"小报告"，首先要这样想：

"同事这样做可能是出于对工作负责以及对我的关心。"不能因为区区一件小事就对同事心存不满，产生仇恨情绪，甚至把这种情绪带到工作中，从而影响了工作。要一如既往地做好本职工作，相信时间一长，同事会因为你的坦然而自觉无趣，从而收起那些不光彩的"小伎俩"。

（2）向同事表示感谢。如果同事向领导打"小报告"时肯定了我们的工作成绩，我们还应该对同事表示感谢，并继续努力做好自己的本职工作。如果同事提的意见是真实的，也可本着"有则改之，无则加勉"的态度来对照自己，并寻找一个机会对同事真诚地表示谢意。

（3）自我反省。如果同事向领导打"小报告"是向领导反映我们的不足之处，我们一定要虚心接受，并进行深刻的反思，找出自己的不足之处，并加以改正，从而提高自己的工作能力。

（4）虚心接受批评。如果同事向领导打"小报告"是因为我们工作中确实存在某些失误，或者因为自己不当的工作方式影响了其他同事的话，我们应该虚心接受批评，及时向领导检讨自己的不足。同时，向打"小报告"的同事认错道歉，并及时改正错误。如果已经造成了损失，要想办法补救。

（5）澄清误解。如果同事向领导打"小报告"是因为对我们存有误解，向领导反映了不真实的情况，我们应及时与领导沟通，澄清事实真相。此外，在以后的工作中，要多与同事沟通交流，消除误解，化解矛盾，用真诚的行动感动同事。

（6）与同事主动沟通。如果同事向领导打"小报告"是因为对我们的工作不够了解，那么在向领导反映问题时，表述就可能不够客观。发生这种事情后，要选择合适的机会与同事沟通，并在公司相关规章制度的范围内，简单介绍一下自己的工作内容，从而让同事更加了解我们的工作。在日后的工作中，多与同事沟通交流，并与其友好相处，相信一定可以得到同事的理解。

（7）加强学习。在工作中应该加强学习，不断提高自己的工作能力和业务素质，摆正自己的心态，坦然地面对领导和同事的指责，不断改善自身的不足，这样才可以在职场之路上越走越远。

7.　报喜不报忧

在向领导汇报工作时，一定要处理好汇报内容的喜忧关系。报喜不报忧是多数人的通病，尤其是由于下属自身的失误给公司造成损失的，更容易出现这种情况。有些下属在向领导汇报工作时，为了不受批评，会下意识地选择隐瞒或者谎报一些信息。这种行为是非常不明智的。因为对于领导来说，他们更喜欢那些勇于认错，并能及时面对错误的下属。而那些常常谎报或者瞒报工作的下属通常不会在职场中得到好的发展。

2013年，××市举办了一场大型的国际风筝展览会，来自12个国家和地区的中外人士参加了这次盛会。当时供职于该市机关单位的桑杰负责部分国家的外宾接待工作。由于工作经验不足，桑杰错把几名参赛选手的名字和国籍弄混了，在大会即将举行的那个上午桑杰才发现了这一错误。这让前来与外宾会面的市长极为难堪。而彼时，因为桑杰在工作单位的良好表现，正被有关领导考虑升职、加薪中。桑杰认识到了错误的严重性，也知道如果不能有效地解决这件事，他不仅无法得到提升，极有可能连现有的职位都保不住。由于桑杰选读过领导心理学，于是他想到了一个最佳的解决方法——利用午餐的机会向

汇报工作是门技术活儿

市长和外宾诚恳地道歉，主动向他们检讨了自己的错误。外宾被桑杰的坦诚态度所感动，连连在市长面前夸赞桑杰的坦诚与勇敢。市长也因桑杰机智的表现，在外宾面前挽回了面子，对其产生了好感。更为巧合的是，由于当天下午突然下起了大雨，原计划下午2点开始的风筝大赛不得不延迟一天举行，而桑杰正好趁着这个机会把错误的名牌修正了过来。一场风波就这么有惊无险地过去了。风筝大会顺利举行，外宾满意而归。

后来，因为机智、勇敢的表现给市长留下了深刻的印象，桑杰很快在市长的亲自指示下，升为宣传部的干事。

桑杰因为工作疏忽险些酿成大错，但他面对错误，并没有退缩，也没有选择瞒报，而是坦诚地向外宾和领导检讨了自己的错误，从而赢得了他们的原谅，并因祸得福，得到了升职、加薪的机会。在面对自身的失误造成的损失时，多数人会选择隐瞒甚至谎报，试图将自己的责任推卸干净。这种做法是非常不明智的。通常情况下，越早向领导汇报过失，越有利于领导及时做出应对决策，从而将损失控制在最小范围。如果因为瞒报或者谎报信息延误了解决问题的时机，就有可能酿成不可挽回的过错。

在职场中下属瞒报的情况比比皆是，因为领导大多负责多个部门，并不能准确地分辨出所听内容是否全部属实，这就要求下属在汇报工作时，对自己的汇报内容进行仔细的、全方位的汇总，报喜也报忧。那么，我们在日常工作中，遇到了因为工作失误而造成的损失及不良影响时，该如何向上级汇报工作呢？

（1）勇于认错，弥补缺憾。我们在做一项工作时，难免会出现一些失误，在向领导汇报工作时，一定要据实汇报，勇于承认自己的错误。认错的同时，可适当提出一些补救的措施，征求上级的意见或者建议，然后尽自己最大的努力将损失降到最低。一定不要产生"瞒过去"的想法——瞒报工作最容易使领导对下属的工作能力产生质疑。

（2）及时汇报。出现失误时，一定要将真实的情况及时汇报给自己的领导，千万不要害怕领导的责骂而瞒报或谎报。如果一味瞒报或者谎报，领导不能及时地了解事情的真相，非常不利于问题的解决。及时地向领导反映事实，除了会招致领导的责骂以外，还可以得到领导的指点——如何挽回过失。调查发现，领导更愿意看到的是如实汇报，勇于承担的下属，大多数的领导会给这类的下属第二次机会。而对于那些试图"瞒天过海"的下属来说，不仅要承担全部损失，往往还会落得一个被开除的下场。

（3）如实汇报。在汇报工作时，一定要实事求是地向领导反映自己工作的真实情况，如果遇到一些比较棘手的难题，可以通过准确的数字或者数据分析，来向领导更好地说明问题。同时，一定要处理好所含信息的真假关系，切忌无中生有。在确定汇报内容时，一定要遵循一条重要的原则：无论怎么加工润色汇报内容，一定要本着实事求是的原则和谦虚谨慎、认真负责的态度，把汇报内容建立在事实清楚、有理有据的基础之上，绝不能为了逃避责任而随意编造和歪曲事实，更不能捕风捉影，无中生有，欺骗领导。

8. 工作时"小题大做"，汇报时"大题小做"

在日常工作中，对于领导分配下来的任务，你通常是"大题小做"还是"小题大做"呢？相信有些人会位居"大题小做"的阵营。但是这些人中，又有一部分人在向领导汇报工作时会"小题大做"。这类下属在工作时大都喜欢敷衍了事，但在汇报时却事无巨细，甚至不放掉任何可以表功劳的机会。然而，也有一些人却截然相反，他们在工作时表现出的是"小题大做"，在汇报时，却往往"大题小做"。这类下属在工作时吃了很多苦，可是在汇报工作时却简言易赅、轻描淡写。

陈静是一家投资公司的行政部门文员，她工作认真、负责，很受同事的喜爱。一次，陈静所在的公司接到一个活动的请柬，邀请陈静公司的总经理去参加一个行业内部交流会。这个活动是由陈静所在公司同行业的多家公司自发组织的活动，总经理对此类活动兴趣缺乏，但又不好直接拒绝，于是便将新人陈静派去代替公司参加活动。午休时，陈静在走廊偶遇总经理，总经理突然想起活动的事，就对陈静说："下星期的内部交流会，你代替公司去参加就可以了。记得将会议记录拿回来我看看就行。"

从总经理漫不经心的语气中，陈静也感受到了这个会议的不重要，尽管如此，陈静还是按照自己以往的做事风格亲历亲为，"小题大做"。在会议之前，陈静做了大量的准备工作，她翻阅了大量的行业内部资料，并拟定出很多中肯的建议，因为这些建议都是精心准备的，所以非常具有实用价值。当会议主持人员安排陈静所属的公司上台发言的时候，陈静侃侃而谈，还带了很多自己公司的宣传单现场分发。可以说，陈静当天的表现给参加会议的其他公司的代表留下了非常好的印象。

参加完活动回到公司后的陈静，只挑了几个她认为总经理可能会关心的问题，进行了汇报。对于自己为此次活动所做的准备，在活动中自己的表现，只是稍作描述。一方面，她明白总经理对这次活动不重视，另一方面，她认为做好领导分派的工作是自己分内的事，无须过于张扬。本来对此次活动就不重视的总经理，自然会忽略陈静那些"言简意赅"的描述。

一个月后，在一场大型的商业活动上，当天参加内部交流会的几名其他公司的领导向陈静的总经理夸赞了陈静。总经理得知，原来自己的下属"小题大做"，给了自己一个意外的惊喜，心中很是满意。而对于陈静在向他汇报工作时，所表现出来的"大题小做"——并没有强调自己的付出与在活动中的不俗表现，更是心生好感。

公司定期会组织下属聚餐，以前负责订饭店的下属由于调到了其

汇报工作是门技术活儿

他岗位，这项工作就落到了陈静的身上。陈静在工作中又一次发挥了"小题大做"的精神。以前的同事都是打电话预约饭店，陈静则亲自跑去察看，并根据公司同事的籍贯，搭配了不同口味的菜品。聚餐后，同事们都非常满意，纷纷夸赞陈静想得周到……

可是，在汇报此项工作时，陈静只是将会餐的安排作了汇报，对于那些细枝末节，以及自己的耐心细致、不辞辛劳只字未提。

总经理对陈静在工作时喜欢"小题大做"，而在汇报工作时喜欢"大题小做"的做法，心中很是喜欢。于是，开始把一些重要的事交由陈静去做。而陈静总是认真、负责地尽力做好这些工作，并在汇报工作时，言简意赅，重点突出，让领导在很短的时间内，就对她的工作有所了解。

一年之后，陈静被提拔为行政部经理。

作为下属，在工作时表现出的"小题大做"，可以体现下属对工作的态度——认真、有热情。而在这样的态度下，自然会将领导安排的工作做好、做到位；在汇报工作时"大题小做"，体现出下属能抓住汇报的重点，无须面面俱到，在不遗漏重要内容的同时，剔除一些细枝末节，言简意赅地表达会让领导很快明白你的工作进展。

有些下属工作时常常表现为粗枝大叶，不够耐心和细致；而在汇报工作时又眉毛胡子一把抓，没重点，事无巨细，听得领导一头雾水。有些下属喜欢表功，对自己的稍许付出，都要向领导表达出来，生怕领导不知道。

很多人认为，认真工作却因为不懂得表现，没有被领导注意到，得不到赏识，是一件很吃亏的事。的确，如果兢兢业业地工作，却没有被领导发现，这对于自己的职场发展的确不利。那到底该如何做呢？

懂得汇报并不是事无巨细，不是向领导表功，而是能在汇报工作的过程中，让领导自然地发现你的才能。一个表达流畅、条理清晰、逻辑清楚、重点突出的下属，领导自然会看到他的能力，会喜欢和欣赏他；而一个处处彰显自己的人，即便有能力，领导也未必喜欢他。据一项调查显示，80%以上的领导都不喜欢爱表功的下属。他们更希望自己的下属埋头苦干。领导毕竟站得比下属高，他从上往下看，自然能看出来谁在踏踏实实地苦干。对于喜欢表功的人，领导会认为，他太看重表功会忽视本职工作。

另外，想要得到领导的重视和赏识，除了懂得埋头苦干，也要掌握汇报工作的技巧。汇报工作的技巧应是"大题小做"，也就是在最短的时间内，将工作中存在的问题以及自己的解决方案，向领导汇报清楚。抓住要点，剔除枝节，以便领导很快明白问题所在。如果能做到这些，领导自然可以对你产生一定的印象。

程飞大学毕业后，就职于一家广告公司。作为新人，程飞明白自己需要学习的东西还很多，因此，他并不像有些人那样浮躁，急于表现自己，而是埋头苦干，认真工作。一年后，一个替补的机会，他被领导派出去出差，并很好地完成了工作。回到公司后，他将自己在外

‖汇报工作是门技术活儿

面的工作情况以及感想、建议写成书面报告交给领导。当领导看到这份认识深刻而又言简意赅的工作报告后，非常高兴。从那以后，领导逐渐开始重用他，程飞也在工作中有了更多发挥自己才能的机会。

可见，作为下属，不仅要认真工作，更要明白什么样的工作汇报才是最好的。如果一个人能在工作中表现出"小题大做"的精神，在汇报中又有"大题小做"的能力，自然会得到领导的赏识和重用。

9. 要主动请示，但不能越级汇报

在向领导请示汇报这一环节上，切忌越级。越级汇报是职场大忌。

作为一名下属，对工作要保有一定的热情，持有积极主动的态度，善于思考，勇于提出自己的意见。工作中，在与领导打交道时，不要领导说什么就是什么，让怎么干就怎么干，抱着反正是领导让这样干的，是好是坏跟自己没有关系的想法；也不要自恃过高，对领导的安排不当回事，不去研究领导的思路，不管领导怎样安排，自己该怎么来就怎么来，搞阳奉阴违那一套。尤其是越级向上一级领导汇报，更不可行。每一位领导都希望自己能全面及时地了解下属的各方面状态，然后将其汇报给上级，如果出现了越级汇报的事情，势必导致高层直接过问一些自己并不清楚的情况，这时候会很被动。因此，领导对自己的下属越级向上汇报这样的举动是很不快的，甚至会十分恼火。下属这样做，明摆着是眼里根本没有自己这个领导，因此，领导对越级汇报者会心存芥蒂。这样的下属，便很难再与自己的直接领导相处，这对自己的职业发展会产生负面影响。

另外，越级汇报是一种打破正常管理秩序的行为，会造成管理上的混乱。这不仅直接导致职场中上下级关系的恶化，还会影响管理者的情绪。当然，越级汇报中，特殊情况另论。如果的确出现不公平事件，或者领导的决策确实有问题，又听不进正确的意见时，可以采用越级汇报手段。最高层领导当然希望了解到工作中最真实的情况，获得最有用的信息，以便更全面地了解一切。但是，作为一名下属，不在万不得已的情况下，不要采用越级汇报的方式。

王林在一家企业任部门经理，一次，他到外地出差，公司中一名下属因为与管理者发生了点矛盾便消极怠工，王林的下属在得知这一情况后，并没有向其汇报，而是将这一情况汇报给企业的领导。当时，王林因为人不在公司，对此情况毫不了解，下属的越级汇报让他很是被动，而领导却认为他处事不力。虽然这件事最终还是王林亲自出面解决的，但发生这样的事，让他心里很不痛快。他认为，如果下属早一点将这次事件的前因后果告诉自己，即便自己不在公司，也一定会告诉下属对这件事的处理方法，将问题解决好，而不至于遭到领导的质疑。

王林的下属在处理这件事上，的确做得不好。一位高级管理者曾发表过这样的看法："作为下属，听从上级的话并按照上级的安排去工作是职场中的规矩，当上级不在的时候，发生问题时，首先要让上级获得知情权，在得到上级的指令后再向上一级领导汇报申请处理，或者由上级直接向上面的领导汇报，申请委派他人完成工作任务……"

在职场中，很多下属认为必须跳过直接领导将自己的心里话汇报给领导，这样才能取得更好的工作效果，使事情更快解决。但是，无数事实证明，这样做的结果恰恰相反。

肖敏毕业于一家很有名气的服装设计学院，在校时，她在服装设计上就显露出了自己的才华。她的构思奇特，富有灵性，每一位教过她的老师对她都很看好，认为她将来一定能创作出水平很高的作品。

毕业后，肖敏幸运地进入了一家很大的服装公司。在她看来，这家公司不论是薪酬还是发展前景都很不错，于是她下决心在这家公司好好做。可是，工作不久后，肖敏发现一切并没有自己想象的那么简单。

在接触中，肖敏慢慢发现自己的主管不但专业水平很差，人品也让人不敢恭维，是一个地道的打压下属、献媚上级的主。最初，肖敏想不管那么多了，做好自己的工作就行。可是，后来发生了一件事，让肖敏实在是忍无可忍。她把费了很多心血的设计作品拿给主管看，希望可以得到他的一点指导，但此人将她的作品留下，说是让领导过目一下，之后便再没了下文。肖敏急切地想知道自己辛苦设计出的作品到底如何，可是久等不见消息，于是，她找到主管问这件事，没想到他却说，这段时间有点忙，还没倒出空拿给领导看呢。

肖敏吃了这次亏之后，吸取了教训。在第二次完成设计样稿后，她直接找到了领导，将自己的作品递了上去。领导看后觉得她的设计还不错，对她进行了一番鼓励。肖敏觉得自己终于获得了领导的认可，这对自己的未来发展是件好事。正当肖敏自我感觉良好的时候，她的主管派人把她叫了过去，开门见山地问道："你去见了领导？"显然，领导已经把这件事告诉了她的主管。肖敏不得不承认。

之后，肖敏在公司的处境十分糟糕，大家似乎都有意孤立她。她知道这是主管搞的鬼。虽然她觉得很委屈，但又没有地方诉说。

作为下属，要知道越级汇报会产生以下几种后果：

（1）无论你说什么，只要去见了你的上级的上级，那么你的上级都会觉得你把他当小人了，而上级的上级即便是对你的才华很欣赏，也很少会考虑到你是一个希望展示才华给领导看，并能获得领导器重的人。

（2）越级汇报，容易让上级之间产生误解。职场中，人际关系错综复杂，人心难测，你如果没有按照管理程序去汇报，而是越级汇报，你的主管一定会认为你对他缺乏信任，而且由于你的越级汇报，你的上级在工作中存在的问题将被他的上级识破，这就等于出卖了你的上级。而且，这样会使他们之间的关系变得越来越复杂。

（3）下属一旦出现越级汇报的行为，必会招致一些同事对他的不良看法，认为他这样做是小人行为，从而与他保持一定的距离，尽量不跟他打交道。也会有人认为他是一个喜欢溜须拍马的势利小人而看轻他。

可见，作为一名下属，不论出现怎样的情况，越级汇报都将给他带来一定的职场风险。作为上级，对于越级汇报的人是深恶痛绝的。即便是他欣赏你的才华，也会怀疑你的人品。当然，能遇到欣赏并重用自己的领导那是你的幸运，但这样的幸运是不容易遇到的。更多的时候，你的越级汇报会使公司的人际关系变得更加敏感，而你必将陷于被质疑和打压的地步。所以，切记，不在万不得已的情形下，不要越级汇报。有问题可以主动请示，让你的上级替你解决。

参考文献

[1] 滨田秀彦. 不懂汇报工作，你就默默干到老[M]. 南京：江苏文艺出版社，2014.

[2] 李宗厚. 不会汇报工作，还敢拼职场[M]. 北京：新世界出版社，2012.

[3] 王胜会. 公职人员工作汇报写作一本通[M]. 北京：中国人事出版社，2014.

[4] 泉正人. 越级整理术：工作效率是整理出来的[M]. 北京：中国友谊出版公司，2011.

[5] 高桥宣行. 原创工作者具备的能力[M]. 北京：中信出版社，2014.

[6] 诺特伯格. 番茄工作法图解：简单易行的时间管理方法[M]. 北京：人民邮电出版社，2011.

[7] 卡耐基. 卡耐基沟通的艺术与处世智慧[M]. 北京：中国华侨出版社，2012.

[8] 杜西格. 习惯的力量：为什么我们这样生活，那样工作[M]. 北京：中信出版社，2013.

[9] 陈凯元. 你在为谁工作[M]. 北京：机械工业出版社，2007.

[10] 戈尔曼. 情商3：影响你一生的工作情商[M]. 北京：中信出版社，2013.

[11] 大岛祥誉. 麦肯锡工作法[M]. 北京：中信出版社，2014.

[12] 松浦弥太郎. 找到人生的好感觉：松浦弥太郎的舒服工作术[M]. 南京：译林出版社，2012.

[13] 田浩. 工作虐我千百遍，我待工作如初恋[M]. 成都：天地出版社，2015.

[14] 巴纳曼. 天才工作法：创新思维的5个原则和26个创新工具[M]. 北京：人民邮电出版社，2014.

[15] 永田丰志. 越级高效工作术[M]. 成都：四川人民出版社，2014.

[16] 伯恩斯坦. 救命啊，工作快把我逼疯了[M]. 成都：天地出版社，2015.